IL CODICE DEL FALLIMENTO

Edizione Tascabile

A cura di Daniele Ragone

Ed. 2013

© 2013 Daniele Ragone. Tutti i diritti sono riservati.

ISBN 978-1-291-26749-5

Il codice del Fallimento ed. 2013

INDICE

Titolo I - Disposizioni Generali	(Artt. 1-4)
Titolo II - Del fallimento	(Artt. 5-159)
Titolo III - Del concordato preventivo	(Artt. 160-186)
Titolo IV - Dell'amministrazione controllata	(Artt. 187-193)
Titolo V - Della liquidazione coatta amministrativa	(Artt. 194-215)
Titolo VI - Disposizioni penali	(Artt. 216-241)

TITOLO I
DISPOSIZIONI GENERALI

Art. 1

Imprese soggette al fallimento e al concordato preventivo.

1. Sono soggetti alle disposizioni sul fallimento e sul concordato preventivo gli imprenditori che esercitano una attività commerciale, esclusi gli enti pubblici.

2. Non sono soggetti alle disposizioni sul fallimento e sul concordato preventivo gli imprenditori di cui al primo comma, i quali dimostrino il possesso congiunto dei seguenti requisiti:

a) aver avuto, nei tre esercizi antecedenti la data di deposito della istanza di fallimento o dall'inizio dell'attività se di durata inferiore, un attivo patrimoniale di ammontare complessivo annuo non superiore ad euro trecentomila;

b) aver realizzato, in qualunque modo risulti, nei tre esercizi antecedenti la data di deposito dell'istanza di fallimento o dall'inizio dell'attività se di durata inferiore, ricavi lordi per un ammontare complessivo annuo non superiore ad euro duecentomila;

c) avere un ammontare di debiti anche non scaduti non superiore ad euro cinquecentomila.

3. I limiti di cui alle lett. a) b) c del secondo comma possono essere aggiornati ogni tre anni con decreto del Ministro della giustizia, sulla base della media delle variazioni degli indici ISTAT dei prezzi al consumo per le famiglie di operai ed impiegati intervenute nel periodo di riferimento.

Art. 2

Liquidazione coatta amministrativa e fallimento.

1. La legge determina le imprese soggette a liquidazione coatta amministrativa, i casi per i quali la liquidazione coatta amministrativa può essere disposta e l'autorità competente a disporla.

2. Le imprese soggette a liquidazione coatta amministrativa non sono soggette al fallimento, salvo che la legge diversamente disponga.

3. Nel caso in cui la legge ammette la procedura di liquidazione coatta amministrativa e quella di fallimento si osservano le disposizioni dell'art. 196.

Art. 3

Liquidazione coatta amministrativa e concordato preventivo.

1. Se la legge non dispone diversamente, le imprese soggette a liquidazione coatta amministrativa possono essere ammesse alla procedura di concordato preventivo, osservate per le imprese escluse dal fallimento le norme del settimo comma dell'art. 195.

Art. 4

(abrogato)

TITOLO II

DEL FALLIMENTO

CAPO I

Della dichiarazione di fallimento

Art. 5

Stato d'insolvenza.

1. L'imprenditore che si trova in stato di insolvenza è dichiarato fallito.

2. Lo stato d'insolvenza si manifesta con inadempimenti od altri fatti esteriori, i quali dimostrino che il debitore non è più in grado di soddisfare regolarmente le proprie obbligazioni.

Art. 6

Iniziativa per la dichiarazione di fallimento.

1. Il fallimento è dichiarato su ricorso del debitore, di uno o più creditori o su richiesta del pubblico ministero.

2. Nel ricorso di cui al primo comma l'istante può indicare il recapito telefax o l'indirizzo di posta elettronica presso cui dichiara di voler ricevere le comunicazioni e gli avvisi previsti dalla presente legge.

Art. 7

Iniziativa del pubblico ministero.

1. Il pubblico ministero presenta la richiesta di cui al primo comma dell'art. 6:

1) quando l'insolvenza risulta nel corso di un procedimento penale, ovvero dalla fuga, dalla irreperibilità o dalla latitanza dell'imprenditore, dalla chiusura dei locali dell'impresa, dal trafugamento, dalla sostituzione o dalla diminuzione fraudolenta dell'attivo da parte dell'imprenditore;

2) quando l'insolvenza risulta dalla segnalazione proveniente dal giudice che l'abbia rilevata nel corso di un procedimento civile.

Art. 8

(abrogato)

Art. 9

Competenza.

1. Il fallimento è dichiarato dal tribunale del luogo dove l'imprenditore ha la sede principale dell'impresa.

2. Il trasferimento della sede intervenuto nell'anno antecedente all'esercizio dell'iniziativa per la dichiarazione di fallimento non rileva ai fini della competenza.

3. L'imprenditore, che ha all'estero la sede principale dell'impresa, può essere dichiarato fallito nella Repubblica italiana anche se è stata pronunciata dichiarazione di fallimento all'estero.

4. Sono fatte salve le convenzioni internazionali e la normativa dell'Unione europea.

5. Il trasferimento della sede dell'impresa all'estero non esclude la sussistenza della giurisdizione italiana, se è avvenuto dopo il deposito del ricorso di cui all'art. 6 o la presentazione della richiesta di cui all'art. 7.

Art. 9-bis.

Disposizioni in materia di incompetenza.

1. Il provvedimento che dichiara l'incompetenza è trasmesso in copia al tribunale dichiarato incompetente, il quale dispone con decreto l'immediata trasmissione degli atti a quello competente. Allo stesso modo provvede il tribunale che dichiara la propria incompetenza.

2. Il tribunale dichiarato competente, entro venti giorni dal ricevimento degli atti, se non richiede d'ufficio il regolamento di competenza ai sensi dell'art. 45 del codice di procedura civile, dispone

la prosecuzione della procedura fallimentare, provvedendo alla nomina del giudice delegato e del curatore.

3. Restano salvi gli effetti degli atti precedentemente compiuti.

4. Qualora l'incompetenza sia dichiarata all'esito del giudizio di cui all'art. 18, l'appello, per le questioni diverse dalla competenza, è riassunto, a norma dell'art. 50 del codice di procedura civile, dinanzi alla corte di appello competente.

5. Nei giudizi promossi ai sensi dell'art. 24 dinanzi al tribunale dichiarato incompetente, il giudice assegna alle parti un termine per la riassunzione della causa davanti al giudice competente ai sensi dell'art. 50 del codice di procedura civile e ordina la cancellazione della causa dal ruolo.

Art. 9-ter.

Conflitto positivo di competenza.

1. Quando il fallimento è stato dichiarato da più tribunali, il procedimento prosegue avanti al tribunale competente che si è pronunciato per primo.

2. Il tribunale che si è pronunciato successivamente, se non richiede d'ufficio il regolamento di competenza ai sensi dell'art. 45 del codice di procedura civile, dispone la trasmissione degli atti al tribunale che si è pronunziato per primo. Si applica l'art. 9-bis, in quanto compatibile.

Art. 10.

Fallimento dell'imprenditore che ha cessato l'esercizio dell'impresa.

1. Gli imprenditori individuali e collettivi possono essere dichiarati falliti entro un anno dalla cancellazione dal registro delle imprese, se l'insolvenza si è manifestata anteriormente alla medesima o entro l'anno successivo.

2. In caso di impresa individuale o di cancellazione di ufficio degli imprenditori collettivi, è fatta salva la facoltà per il creditore o per il pubblico ministero di dimostrare il momento dell'effettiva cessazione dell'attività da cui decorre il termine del primo comma.

Art. 11.

Fallimento dell'imprenditore defunto.

1. L'imprenditore defunto può essere dichiarato fallito quando ricorrono le condizioni stabilite nell'articolo precedente.

2. L'erede può chiedere il fallimento del defunto, purché l'eredità non sia già confusa con il suo patrimonio ; l'erede che chiede il fallimento del defunto non è soggetto agli obblighi di deposito di cui agli artt. 14 e 16, secondo comma, n. 3).

3. Con la dichiarazione di fallimento cessano di diritto gli effetti della separazione dei beni ottenuta dai creditori del defunto a norma del codice civile.

Art. 12

Morte del fallito.

1. Se l'imprenditore muore dopo la dichiarazione di fallimento la procedura prosegue nei confronti degli eredi, anche se hanno accettato con beneficio d'inventario.

2. Se ci sono più eredi, la procedura prosegue in confronto di quello che è designato come rappresentante. In mancanza di accordo nella designazione del rappresentante entro quindici giorni dalla morte del fallito, la designazione è fatta dal giudice delegato.

3. Nel caso previsto dall'art. 528 del codice civile, la procedura prosegue in confronto del curatore dell'eredità giacente e nel caso previsto dall'art. 641 del codice civile nei confronti dell'amministratore nominato a norma dell'art. 642 dello stesso codice.

Art. 13.

(abrogato)

Art. 14.

Obbligo dell'imprenditore che chiede il proprio fallimento.

1. L'imprenditore che chiede il proprio fallimento deve depositare presso la cancelleria del tribunale le scritture contabili e fiscali obbligatorie concernenti i tre esercizi precedenti ovvero l'intera esistenza dell'impresa, se questa ha avuto una minore durata. Deve inoltre depositare uno stato particolareggiato ed estimativo delle sue attività, l'elenco nominativo dei creditori e l'indicazione dei rispettivi

crediti, l'indicazione dei ricavi lordi per ciascuno degli ultimi tre esercizi, l'elenco nominativo di coloro che vantano diritti reali e personali su cose in suo possesso e l'indicazione delle cose stesse e del titolo da cui sorge il diritto.

Art. 15.

Procedimento per la dichiarazione di fallimento.

1. Il procedimento per la dichiarazione di fallimento si svolge dinanzi al tribunale in composizione collegiale con le modalità dei procedimenti in camera di consiglio.

2. Il tribunale convoca, con decreto apposto in calce al ricorso, il debitore ed i creditori istanti per il fallimento; nel procedimento interviene il pubblico ministero che ha assunto l'iniziativa per la dichiarazione di fallimento.

3. Il decreto di convocazione è sottoscritto dal presidente del tribunale o dal giudice relatore se vi è delega alla trattazione del procedimento ai sensi del sesto comma. Tra la data della notificazione, a cura di parte, del decreto di convocazione e del ricorso e quella dell'udienza deve intercorrere un termine non inferiore a quindici giorni.

4. Il decreto contiene l'indicazione che il procedimento è volto all'accertamento dei presupposti per la dichiarazione di fallimento e fissa un termine non inferiore a sette giorni prima dell'udienza per la presentazione di memorie e il deposito di documenti e relazioni tecniche. In ogni caso, il tribunale dispone che l'imprenditore depositi i bilanci relativi agli ultimi tre esercizi, nonché una situazione patrimoniale, economica e finanziaria aggiornata; può richiedere eventuali informazioni urgenti.

5. I termini di cui al terzo e quarto comma possono essere abbreviati dal presidente del tribunale, con decreto motivato, se ricorrono particolari ragioni di urgenza. In tali casi, il presidente del tribunale può disporre che il ricorso e il decreto di fissazione dell'udienza siano portati a conoscenza delle parti con ogni mezzo idoneo, omessa ogni formalità non indispensabile alla conoscibilità degli stessi.

6. Il tribunale può delegare al giudice relatore l'audizione delle parti. In tal caso, il giudice delegato provvede all'ammissione ed all'espletamento dei mezzi istruttori richiesti dalle parti o disposti d'ufficio.

7. Le parti possono nominare consulenti tecnici.

8. Il tribunale, ad istanza di parte, può emettere i provvedimenti cautelari o conservativi a tutela del patrimonio o dell'impresa oggetto del provvedimento, che hanno efficacia limitata alla durata del procedimento e vengono confermati o revocati dalla sentenza che dichiara il fallimento, ovvero revocati con il decreto che rigetta l'istanza.

9. Non si fa luogo alla dichiarazione di fallimento se l'ammontare dei debiti scaduti e non pagati risultanti dagli atti dell'istruttoria prefallimentare è complessivamente inferiore a euro trentamila. Tale importo è periodicamente aggiornato con le modalità di cui al terzo comma dell'art. 1.

Art. 16.

Sentenza dichiarativa di fallimento.

1. Il tribunale dichiara il fallimento con sentenza, con la quale:

1) nomina il giudice delegato per la procedura;

2) nomina il curatore;

3) ordina al fallito il deposito dei bilanci e delle scritture contabili e fiscali obbligatorie, nonché dell'elenco dei creditori, entro tre giorni, se non è stato ancora eseguito a norma dell'art. 14;

4) stabilisce il luogo, il giorno e l'ora dell'adunanza in cui si procederà all'esame dello stato passivo, entro il termine perentorio di non oltre centoventi giorni dal deposito della sentenza, ovvero centottanta giorni in caso di particolare complessità della procedura;

5) assegna ai creditori e ai terzi, che vantano diritti reali o personali su cose in possesso del fallito, il termine perentorio di trenta giorni prima dell'adunanza di cui al n. 4) per la presentazione in cancelleria delle domande di insinuazione;

2. La sentenza produce i suoi effetti dalla data della pubblicazione ai sensi dell'art. 133, primo comma, del codice di procedura civile. Gli effetti nei riguardi dei terzi si producono dalla data di iscrizione della sentenza nel registro delle imprese ai sensi dell'art. 17, secondo comma.

Art. 17.

Comunicazione e pubblicazione della sentenza dichiarativa di fallimento.

1. Entro il giorno successivo al deposito in cancelleria, la sentenza che dichiara il fallimento è notificata, su richiesta del cancelliere, ai sensi dell'art. 137 del codice di procedura civile al debitore, eventualmente presso il domicilio eletto nel corso del procedimento previsto dall'art. 15, ed è comunicata per estratto, ai sensi dell'art. 136 del codice di procedura civile, al pubblico ministero, al curatore ed al richiedente il fallimento. L'estratto deve contenere il nome del debitore, il nome del curatore, il dispositivo e la data del deposito della sentenza.

2. La sentenza è altresì annotata presso l'ufficio del registro delle imprese ove l'imprenditore ha la sede legale e, se questa differisce dalla sede effettiva, anche presso quello corrispondente al luogo ove la procedura è stata aperta.

3. A tale fine, il cancelliere, entro il termine di cui al primo comma, trasmette, anche per via telematica, l'estratto della sentenza all'ufficio delregistro delle imprese indicato nel comma precedente.

Art. 18.

Reclamo.

1. Contro la sentenza che dichiara il fallimento può essere proposto reclamo dal debitore e da qualunque interessato con ricorso da depositarsi nella cancelleria della corte d'appello nel termine perentorio di trenta giorni.

2. Il ricorso deve contenere:

1) l'indicazione della corte d'appello competente;

2) le generalità dell'impugnante e l'elezione del domicilio nel comune in cui ha sede la corte d'appello;

3) l'esposizione dei fatti e degli elementi di diritto su cui si basa l'impugnazione, con le relative conclusioni;

4) l'indicazione dei mezzi di prova di cui il ricorrente intende avvalersi e dei documenti prodotti.

3. Il reclamo non sospende gli effetti della sentenza impugnata, salvo quanto previsto dall'art. 19, primo comma.

4. Il termine per il reclamo decorre per il debitore dalla data della notificazione della sentenza a norma dell'art. 17 e per tutti gli altri interessati dalla data della iscrizione nel registro delle imprese ai sensi del medesimo articolo. In ogni caso, si applica la disposizione di cui all'art. 327, primo comma, del codice di procedura civile.

5. Il presidente, nei cinque giorni successivi al deposito del ricorso, designa il relatore, e fissa con decreto l'udienza di comparizione entro sessanta giorni dal deposito del ricorso.

6. Il ricorso, unitamente al decreto di fissazione dell'udienza, deve essere notificato, a cura del reclamante, al curatore e alle altre parti entro dieci giorni dalla comunicazione del decreto.

7. Tra la data della notificazione e quella dell'udienza deve intercorrere un termine non minore di trenta giorni. Le parti resistenti devono costituirsi almeno dieci giorni prima della udienza, eleggendo il domicilio nel comune in cui ha sede la corte d'appello.

8. La costituzione si effettua mediante il deposito in cancelleria di una memoria contenente l'esposizione delle difese in fatto e in diritto, nonché l'indicazione dei mezzi di prova e dei documenti prodotti.

9. L'intervento di qualunque interessato non può avere luogo oltre il termine stabilito per la costituzione delle parti resistenti con le modalità per queste previste.

10. All'udienza, il collegio, sentite le parti, assume, anche d'ufficio, nel rispetto del contraddittorio, tutti i mezzi di prova che ritiene necessari, eventualmente delegando un suo componente.

11. La corte provvede sul ricorso con sentenza.

12. La sentenza che revoca il fallimento è notificata, a cura della cancelleria, al curatore, al creditore che ha chiesto il fallimento e al debitore, se non reclamante, e deve essere pubblicata a norma dell'art. 17.

13. La sentenza che rigetta il reclamo è notificata al reclamante a cura della cancelleria.

14. Il termine per proporre il ricorso per cassazione è di trenta giorni dalla notificazione.

15. Se il fallimento è revocato, restano salvi gli effetti degli atti legalmente compiuti dagli organi della procedura.

16. Le spese della procedura ed il compenso al curatore sono liquidati dal tribunale, su relazione del giudice delegato, con decreto reclamabile ai sensi dell'art. 26.

Art. 19.

Sospensione della liquidazione dell'attivo.

1. Proposto il reclamo, la corte d'appello, su richiesta di parte, ovvero del curatore, può, quando ricorrono gravi motivi, sospendere, in tutto o in parte, ovvero temporaneamente, la liquidazione dell'attivo.

2. (Comma abrogato dall'art. 2 del D. Lgs. 9 gennaio 2006, n. 5)

3. L'istanza si propone con ricorso. Il presidente, con decreto in calce al ricorso, ordina la comparizione delle parti dinanzi al collegio in camera di consiglio. Copia del ricorso e del decreto sono notificate alle altre parti ed al curatore.

Art. 20.

(Comma abrogato dall'art. 3 del D. Lgs. 12 settembre 2007, n. 169. La modifica si applica ai procedimenti per dichiarazione di fallimento pendenti alla data del 1 gennaio 2008, nonché alle procedure concorsuali e di concordato aperte successivamente)

Art. 21.

(Articolo abrogato, con effetto dal 16 luglio 2006, dall'art. 18 del D. Lgs. 9 gennaio 2006, n. 5, pubb. in Gazz. Uff. n. 12 del 16 gennaio 2006.)

Art. 22.

Gravami contro il provvedimento che respinge l'istanza di fallimento.

1. Il tribunale, che respinge il ricorso per la dichiarazione di fallimento, provvede con decreto motivato, comunicato a cura del cancelliere alle parti.

2. Entro trenta giorni dalla comunicazione, il creditore ricorrente o il pubblico ministero richiedente possono proporre reclamo contro il decreto alla corte d'appello che, sentite le parti, provvede in camera di consiglio con decreto motivato. Il debitore non può chiedere in separato giudizio la condanna del creditore istante alla rifusione delle spese ovvero al risarcimento del danno per responsabilità aggravata ai sensi dell'art. 96 del codice di procedura civile.

3. Il decreto della corte d'appello è comunicato a cura del cancelliere alle parti del procedimento di cui all'art. 15.

4. Se la corte d'appello accoglie il reclamo del creditore ricorrente o del pubblico ministero richiedente, rimette d'ufficio gli atti al tribunale, per la dichiarazione di fallimento, salvo che, anche su segnalazione di parte, accerti che sia venuto meno alcuno dei presupposti necessari.

5. I termini di cui agli artt. 10 e 11 si computano con riferimento al decreto della corte d'appello.

CAPO II

Degli organi preposti al fallimento

Sezione I.

Del tribunale fallimentare

Art. 23.

Poteri del tribunale fallimentare.

1. Il tribunale che ha dichiarato il fallimento è investito dell'intera procedura fallimentare; provvede alla nomina ed alla revoca o sostituzione, per giustificati motivi, degli organi della procedura, quando non è prevista la competenza del giudice delegato; può in ogni tempo sentire in camera di consiglio il curatore, il fallito e il comitato dei creditori; decide le controversie relative alla procedura stessa che non sono di competenza del giudice delegato, nonché i reclami contro i provvedimenti del giudice delegato.

2. I provvedimenti del tribunale nelle materie previste da questo articolo sono pronunciate con decreto, salvo che non sia diversamente disposto.

Art. 24.

Competenza del tribunale fallimentare.

1. Il tribunale che ha dichiarato il fallimento è competente a conoscere di tutte le azioni che ne derivano, qualunque ne sia il valore.

2. (Comma abrogato dall'art. 3 del D. Lgs. 12 settembre 2007, n. 169. La modifica si applica ai procedimenti per dichiarazione di fallimento pendenti alla data del 1 gennaio 2008, nonché alle procedure concorsuali e di concordato aperte successivamente)

Sezione II.

Del giudice delegato

Art. 25.

<u>Poteri del giudice delegato.</u>

1. Il giudice delegato esercita funzioni di vigilanza e di controllo sulla regolarità della procedura e:

1) riferisce al tribunale su ogni affare per il quale è richiesto un provvedimento del collegio;

2) emette o provoca dalle competenti autorità i provvedimenti urgenti per la conservazione del patrimonio, ad esclusione di quelli che incidono su diritti di terzi che rivendichino un proprio diritto incompatibile con l'acquisizione;

3) convoca il curatore e il comitato dei creditori nei casi prescritti dalla legge e ogni qualvolta lo ravvisi opportuno per il corretto e sollecito svolgimento della procedura;

4) su proposta del curatore, liquida I compensi e dispone l'eventuale revoca dell'incarico conferito alle persone la cui opera è stata richiesta dal medesimo curator nell'interesse del fallimento;

5) provvede, nel termine di quindici giorni, sui reclami proposti contro gli atti del curatore e del comitato dei creditori;

6) autorizza per iscritto il curatore a stare in giudizio come attore o come convenuto.

L'autorizzazione deve essere sempre data per atti determinati e per i giudizi deve essere rilasciata per ogni grado di essi. Su proposta del curatore, liquida i compensi e dispone l'eventuale revoca dell'incarico conferito ai difensori nominati dal medesimo curatore;

7) su proposta del curatore, nomina gli arbitri, verificata la sussistenza dei requisiti previsti dalla legge;

8) procede all'accertamento dei crediti e dei diritti reali e personali vantati dai terzi, a norma del capo V.

2. Il giudice delegato non può trattare i giudizi che abbia autorizzato, né può far parte del collegio investito del reclamo proposto contro i

suoi atti.

3. I provvedimenti del giudice delegato sono pronunciati con decreto motivato.

Art. 26.

<u>Reclamo contro i decreti del giudice delegato e del tribunale.</u>

1. Salvo che sia diversamente disposto, contro I decreti del giudice delegato e del tribunale, può essere proposto reclamo al tribunale o alla corte di appello, che provvedono in camera di consiglio.

2. Il reclamo è proposto dal curatore, dal fallito, dal comitato dei creditori e da chiunque vi abbia interesse.

3. Il reclamo è proposto nel termine perentorio di dieci giorni, decorrente dalla comunicazione o dalla notificazione del provvedimento per il curatore, per il fallito, per il comitato dei creditori e per chi ha chiesto o nei cui confronti è stato chiesto il provvedimento; per gli altri interessati, il termine decorre dall'esecuzione delle formalità pubblicitarie disposte dal giudice delegato o dal tribunale, se quest'ultimo ha emesso il provvedimento. La comunicazione integrale del provvedimento fatta dal curatore mediante lettera raccomandata con avviso di ricevimento, telefax o posta elettronica con garanzia dell'avvenuta ricezione in base al testo unico delle disposizioni legislative e regolamentari in materia di documentazione amministrativa, di cui al d.p.r. 28 dicembre 2000, n. 445, equivale a notificazione.

4. Indipendentemente dalla previsione di cui al terzo comma, il reclamo non può più proporsi decorso il termine perentorio di novanta giorni dal deposito del provvedimento in cancelleria.

5. Il reclamo non sospende l'esecuzione del provvedimento.

6. Il reclamo si propone con ricorso che deve contenere:

1) l'indicazione del tribunale o della corte di appello competente, del giudice delegato e della procedura fallimentare;

2) le generalità del ricorrente e l'elezione del domicilio nel comune in cui ha sede il giudice adito;

3) l'esposizione dei fatti e degli elementi di diritto su cui si basa il reclamo, con le relative conclusioni;

4) l'indicazione dei mezzi di prova di cui il ricorrente intende avvalersi e dei documenti prodotti.

7. Il presidente, nei cinque giorni successivi al deposito del ricorso, designa il relatore, e fissa con decreto l'udienza di comparizione entro quaranta giorni dal deposito del ricorso.

8. Il ricorso, unitamente al decreto di fissazione dell'udienza, deve essere notificato, a cura del reclamante, al curatore ed ai controinteressati entro cinque giorni dalla comunicazione del decreto.

9. Tra la data della notificazione e quella dell'udienza deve intercorrere un termine non minore di quindici giorni.

10. Il resistente deve costituirsi almeno cinque giorni prima dell'udienza, eleggendo il domicilio nel comune in cui ha sede il tribunale o la corte d'appello, e depositando una memoria contenente l'esposizione delle difese in fatto e in diritto, nonché l'indicazione dei mezzi di prova e dei documenti prodotti.

11. L'intervento di qualunque interessato non può avere luogo oltre il termine stabilito per la costituzione della parte resistente, con le modalità per questa previste.

12. All'udienza il collegio, sentite le parti, assume anche d'ufficio i mezzi di prova, eventualmente delegando un suo componente.

13. Entro trenta giorni dall'udienza di comparizione delle parti, il collegio provvede con decreto motivato, con il quale conferma, modifica o revoca il provvedimento reclamato.

Sezione III.

Del curatore

Art. 27.

<u>Nomina del curatore.</u>

1. Il curatore è nominato con la sentenza di fallimento, o in caso di sostituzione o di revoca, con decreto del tribunale.

Art. 28.

Requisiti per la nomina a curatore.

1. Possono essere chiamati a svolgere le funzioni di curatore:

a) avvocati, dottori commercialisti, ragionieri e ragionieri commercialisti;

b) studi professionali associati o società tra professionisti, sempre che i soci delle stesse abbiano i requisiti professionali di cui alla lett. a).

In tale caso, all'atto dell'accettazione dell'incarico, deve essere designata la persona fisica responsabile della procedura;

c) coloro che abbiano svolto funzioni di amministrazione, direzione e controllo in società per azioni, dando prova di adeguate capacità imprenditoriali e purché non sia intervenuta nei loro confronti dichiarazione di fallimento.

2. (Comma abrogato dall'art. 3 del D. Lgs. 12 settembre 2007, n. 169. La modifica si applica ai procedimenti per dichiarazione di fallimento pendenti alla data del 1 gennaio 2008, nonché alle procedure concorsuali e di concordato aperte successivamente)

3. Non possono essere nominati curatore il coniuge, i parenti e gli affini entro il quarto grado del fallito, i creditori di questo e chi ha concorso al dissesto dell'impresa durante i due anni anteriori alla dichiarazione di fallimento, nonché chiunque si trovi in conflitto di interessi con il fallimento.

Art. 29.

Accettazione del curatore.

1. Il curatore deve, entro i due giorni successive alla partecipazione della sua nomina, far pervenire al giudice delegato la propria

accettazione.

2. Se il curatore non osserva questo obbligo, il tribunale, in camera di consiglio, provvede d'urgenza alla nomina di altro curatore.

Art. 30.

Qualità di pubblico ufficiale.

1. Il curatore, per quanto attiene all'esercizio delle sue funzioni, è pubblico ufficiale.

Art. 31.

Gestione della procedura.

1. Il curatore ha l'amministrazione del patrimonio fallimentare e compie tutte le operazioni della procedura sotto la vigilanza del giudice delegato e del comitato dei creditori, nell'ambito delle funzioni ad esso attribuite.

2. Egli non può stare in giudizio senza l'autorizzazione del giudice delegato, salvo che in materia di contestazioni e di tardive dichiarazioni di crediti e di diritti di terzi sui beni acquisiti al fallimento, e salvo che nei procedimenti promossi per impugnare atti del giudice delegato o del tribunale e in ogni altro caso in cui non occorra ministero di difensore.

3. Il curatore non può assumere la veste di avvocato nei giudizi che riguardano il fallimento.

Art. 32.

Esercizio delle attribuzioni del curatore.

1. Il curatore esercita personalmente le funzioni del proprio ufficio e può delegare ad altri specifiche operazioni, previa autorizzazione del comitato dei creditori, con esclusione degli adempimenti di cui agli artt. 89, 92, 95, 97 e 104- ter. L'onere per il compenso del delegato, liquidato dal giudice, è detratto dal compenso del curatore.

2. Il curatore può essere autorizzato dal comitato dei creditori, a farsi coadiuvare da tecnici o da altre persone retribuite, compreso il fallito, sotto la sua responsabilità. Del compenso riconosciuto a tali soggetti si tiene conto ai fini della liquidazione del compenso finale del curatore.

Art. 33.

Relazione al giudice e rapporti riepilogativi.

1. Il curatore, entro sessanta giornidalla dichiarazione di fallimento, deve presentare al giudice delegato una relazione particolareggiata sulle cause e circostanze del fallimento, sulla diligenza spiegata dal fallito nell'esercizio dell'impresa,sulla responsabilità del fallito o di altri e su quanto può interessare anche ai fini delle indagini preliminari in sede penale.

2. Il curatore deve inoltre indicare gli atti del fallito già impugnati dai creditori, nonché quelli che egli intende impugnare. Il giudice

delegato può chiedere al curatore una relazione sommaria anche prima del termine suddetto.

3. Se si tratta di società, la relazione deve esporre i fatti accertati e le informazioni raccolte sulla responsabilità degli amministratori e degli organi di controllo, dei soci e, eventualmente, di estranei alla società.

4. Il giudice delegato ordina il deposito della relazione in cancelleria, disponendo la segretazione delle parti relative alla responsabilità penale del fallito e di terzi ed alle azioni che il curatore intende proporre qualora possano comportare l'adozione di provvedimenti cautelari, nonché alle circostanze estranee agli interessi della procedura e che investano la sfera personale del fallito. Copia della relazione, nel suo testo integrale, è trasmessa al pubblico ministero.

5. Il curatore, ogni sei mesi successivi alla presentazione della relazione di cui al primo comma, redige altresì un rapporto riepilogativo delle attività svolte, con indicazione di tutte le informazioni raccolte dopo la prima relazione, accompagnato dal conto della sua gestione. Copia del rapporto è trasmessa al comitato dei creditori, unitamente agli estratti conto dei depositi postali o bancari relativi al periodo. Il comitato dei creditori o ciascuno dei suoi componenti possono formulare osservazioni scritte. Altra copia del rapporto è trasmessa, assieme alle eventuali osservazioni, per via telematica all'ufficio del registro delle imprese, nei quindici giorni successivi alla scadenza del termine per il deposito delle osservazioni nella cancelleria del tribunale.

Art. 34.

Deposito delle somme riscosse.

1. Le somme riscosse a qualunque titolo dal curatore sono depositate entro il termine Massimo di dieci giorni dalla corresponsione sul conto corrente intestato alla procedura fallimentare aperto presso un ufficio postale o presso una banca scelti dal curatore. Su proposta del curatore il comitato dei creditori può autorizzare che le somme riscosse vengano in tutto o in parte investite con strumenti diversi dal deposito in conto corrente, purché sia garantita l'integrità del capitale.

2. La mancata costituzione del deposito nel termine prescritto è valutata dal tribunale ai fini della revoca del curatore.

3. (Comma abrogato dall'art. 3 del D. Lgs. 12 settembre 2007, n. 169. La modifica si applica ai procedimenti per dichiarazione di fallimento

pendenti alla data del 1 gennaio 2008, nonché alle procedure concorsuali e di concordato aperte successivamente)

4. Se è prevedibile che le somme disponibili non possano essere immediatamente destinate ai creditori, su richiesta del curatore e previa approvazione del comitato dei creditori, il giudice delegato può ordinare che le disponibilità liquid siano impiegate nell'acquisto di titoli emessi dallo Stato.

Art. 35.

Integrazione dei poteri del curatore.

1. Le riduzioni di crediti, le transazioni, I compromessi, le rinunzie alle liti, le ricognizioni di diritti di terzi, la cancellazione di ipoteche, la restituzione di pegni, lo svincolo delle cauzioni, l'accettazione di eredità e donazioni e gli atti di straordinaria amministrazione sono effettuate dal curatore, previa autorizzazione del comitato dei creditori.

2. Nel richiedere l'autorizzazione del comitato dei creditori, il curatore formula le proprie conclusioni anche sulla convenienza della proposta

3. Se gli atti suddetti sono di valore superiore a cinquantamila euro e in ogni caso per le transazioni, il curatore ne informa previamente il giudice delegato, salvo che gli stessi siano già stati autorizzati dal medesimo ai sensi dell'art. 104-ter comma ottavo.

4. Il limite di cui al secondo comma può essere adeguato con decreto del Ministro della giustizia.

Art. 36.

Reclamo contro gli atti del curatore e del comitato dei creditori.

1. Contro gli atti di amministrazione del curatore, contro le autorizzazioni o i dinieghi del comitato dei creditori e i relativi comportamenti omissivi, il fallito e ogni altro interessato possono proporre reclamo al giudice delegato per violazione di legge, entro otto giorni dalla conoscenza dell'atto o, in caso di omissione, dalla scadenza del termine indicato nella diffida a provvedere. Il giudice delegato, sentite le parti, decide con decreto motivato, omessa ogni formalità non indispensabile al contraddittorio.

2. Contro il decreto del giudice delegato è ammesso ricorso al tribunale entro otto giorni dalla data della comunicazione del decreto

medesimo. Il tribunale decide entro trenta giorni, sentito il curatore e il reclamante, omessa ogni formalità non essenziale al contraddittorio, con decreto motivato non soggetto a gravame.

3. Se è accolto il reclamo concernente un comportamento omissivo del curatore, questi è tenuto a dare esecuzione al provvedimento della autorità giudiziaria. Se è accolto il reclamo concernente un comportamento omissivo del comitato dei creditori, il giudice delegato provvede in sostituzione di quest'ultimo con l'accoglimento del reclamo.

Art. 36-bis.

Termini processuali.

1. Tutti i termini processuali previsti negli artt. 26 e 36 non sono soggetti alla sospensione feriale.

Art. 37.

Revoca del curatore.

1. Il tribunale può in ogni tempo, su proposta del giudice delegato o su richiesta del comitato dei creditori o d'ufficio, revocare il curatore.

2. Il tribunale provvede con decreto motivato, sentiti il curatore e il comitato dei creditori.

3. Contro il decreto di revoca o di rigetto dell'istanza di revoca, è ammesso reclamo alla corte di appello ai sensi dell'art. 26; il reclamo non sospende l'efficacia del decreto.

Art. 37-bis.

Sostituzione del curatore e dei componenti del comitato dei creditori.

1. Conclusa l'adunanza per l'esame dello stato passivo e prima della dichiarazione di esecutività dello stesso, i creditori presenti, personalmente o per delega, che rappresentano la maggioranza dei crediti ammessi, possono effettuare nuove designazioni in ordine ai componenti del comitato dei creditori nel rispetto dei criteri di cui all' art. 40; possono chiedere la sostituzione del curator indicando al tribunale le ragioni della richiesta e un nuovo nominativo. Il tribunale, valutate le ragioni della richiesta di sostituzione del curatore, provvede alla nomina dei soggetti designati dai creditori salvo che non siano rispettati i criteri di cui agli artt. 28 e 40.

2. Dal computo dei crediti, su istanza di uno o più creditori, sono esclusi quelli che si trovino in conflitto di interessi.

3. Nella stessa adunanza, i creditori che rappresentano la maggioranza di quelli [...] ammessi, indipendentemente dall'entità dei crediti vantati, possono stabilire che ai componenti del comitato dei creditori sia attribuito, oltre al rimborso delle spese di cui all'art. 41, un compenso per la loro attività, in misura non superiore al dieci per cento di quello liquidato al curatore.

Art. 38.

Responsabilità del curatore.

1. Il curatore adempie ai doveri del proprio ufficio, imposti dalla legge o derivanti dal piano di liquidazione approvato, con la diligenza richiesta dalla natura dell'incarico. Egli deve tenere un registro preventivamente vidimato da almeno un componente del comitato dei creditori, e annotarvi giorno per giorno le operazioni relative alla sua amministrazione.

2. Durante il fallimento l'azione di responsabilità contro il curatore revocato è proposta dal nuovo curatore, previa autorizzazione del giudice delegato, ovvero del comitato dei creditori.

3. Il curatore che cessa dal suo ufficio, anche durante il fallimento, deve rendere il conto della gestione a norma dell'art. 116.

Art. 39.

Compenso del curatore.

1. Il compenso e le spese dovuti al curatore, anche se il fallimento si chiude con concordato, sono liquidati ad istanza del curatore con decreto del tribunale non soggetto a reclamo, su relazione del giudice delegato, secondo le norme stabilite con decreto del Ministro della giustizia.

2. La liquidazione del compenso è fatta dopo l'approvazione del rendiconto e, se del caso, dopo l'esecuzione del concordato. È in facoltà del tribunale di accordare al curatore acconti sul compenso per giustificati motivi.

3. Se nell'incarico si sono succeduti più curatori, il compenso è stabilito secondo criteri di proporzionalità ed è liquidato, in ogni caso, al termine della procedura, salvi eventuali acconti.

4. Nessun compenso, oltre quello liquidato dal tribunale, può essere preteso dal curatore, nemmeno per rimborso di spese. Le promesse e i pagamenti fatti contro questo divieto sono nulli, ed è sempre ammessa la ripetizione di ciò che è stato pagato, indipendentemente dall'esercizio dell'azione penale.

Sezione IV.

Del comitato dei creditori

Art. 40.

Nomina del comitato.

1. Il comitato dei creditori è nominato dal giudice delegato entro trenta giorni dalla sentenza di fallimento sulla base delle risultanze documentali, sentiti il curatore e i creditori che, con la domanda di ammissione al passivo o precedentemente, hanno dato la disponibilità ad assumere l'incarico ovvero hanno segnalato altri nominativi aventi i requisiti previsti. Salvo quanto previsto dall'art. 37-bis, la composizione del comitato può essere modificata dal giudice delegato in relazione alle variazioni dello stato passivo o per altro giustificato motivo.

2. Il comitato è composto di tre o cinque membri scelti tra i creditori, in modo da rappresentare in misura equilibrata quantità e qualità dei crediti ed avuto riguardo alla possibilità di soddisfacimento dei crediti stessi.

3. Il comitato, entro dieci giorni dalla nomina, provvede, su convocazione del curatore, a nominare a maggioranza il proprio presidente.

4. La sostituzione dei membri del comitato avviene secondo le modalità stabilite nel secondo comma.

5. Il componente del comitato che si trova in conflitto di interessi si astiene dalla votazione.

6. Ciascun componente del comitato dei creditori può delegare in tutto o in parte l'espletamento delle proprie funzioni ad uno dei soggetti aventi i requisiti indicati nell'art. 28, previa comunicazione al giudice delegato.

Art. 41.

Funzioni del comitato.

1. Il comitato dei creditori vigila sull'operato del curatore, ne autorizza gli atti ed esprime pareri nei casi previsti dalla legge, ovvero su richiesta del tribunale o del giudice delegato, succintamente motivando le proprie deliberazioni.

2. Il presidente convoca il comitato per le deliberazioni di competenza o quando sia richiesto da un terzo dei suoi componenti.

3. Le deliberazioni del comitato sono prese a maggioranza dei votanti, nel termine massimo di quindici giorni successivi a quello in cui la richiesta è pervenuta al presidente. Il voto può essere espresso in riunioni collegiali ovvero per mezzo telefax o con altro mezzo elettronico o telematico, purché sia possibile conservare la prova della manifestazione di voto.

4. In caso di inerzia, di impossibilità di costituzione per insufficienza di numero o indisponibilità dei creditori, o di funzionamento del comitato o di urgenza, provvede il giudice delegato.

5. Il comitato ed ogni componente possono ispezionare in qualunque tempo le scritture contabili e i documenti della procedura ed hanno diritto di chiedere notizie e chiarimenti al curatore al fallito.

6. I componenti del comitato hanno diritto al rimborso delle spese, oltre all'eventuale compenso riconosciuto ai sensi e nelle forme di cui all'art. 37-bis, terzo comma.

7. Ai componenti del comitato dei creditori si applica, in quanto compatibile, l'art. 2407, primo e terzo comma, del codice civile.

8. L'azione di responsabilità può essere proposta dal curatore durante lo svolgimento della procedura. Con il decreto di autorizzazione il giudice delegato sostituisce i componenti del comitato dei creditori nei confronti dei quali ha autorizzato l'azione.

CAPO III

Degli effetti del fallimento

Sezione I.

Degli effetti del fallimento per il fallito

Art. 42.

Beni del fallito.

1. La sentenza che dichiara il fallimento priva dalla sua data il fallito dell'amministrazione e della disponibilità dei suoi beni esistenti alla data di dichiarazione di fallimento.

2. Sono compresi nel fallimento anche i beni che pervengono al fallito durante il fallimento, dedotte le passività incontrate per l'acquisto e la conservazione dei beni medesimi.

3. Il curatore, previa autorizzazione del comitato dei creditori, può rinunciare ad acquisire I beni che pervengono al fallito durante la procedura fallimentare qualora i costi da sostenere per il loro acquisto e la loro conservazione risultino superiori al presumibile valore di realizzo dei beni stessi.

Art. 43.

Rapporti processuali.

1. Nelle controversie, anche in corso, relative a rapporti di diritto patrimoniale del fallito compresi nel fallimento sta in giudizio il curatore.

2. Il fallito può intervenire nel giudizio solo per le questioni dalle quali può dipendere un'imputazione di bancarotta a suo carico o se l'intervento è previsto dalla legge.

3. L'apertura del fallimento determina l'interruzione del processo.

Art. 44.

Atti compiuti dal fallito dopo la dichiarazione di fallimento.

1. Tutti gli atti compiuti dal fallito e i pagamenti da lui eseguiti dopo la dichiarazione di fallimento sono inefficaci rispetto ai creditori.

2. Sono egualmente inefficaci i pagamenti ricevuti dal fallito dopo la sentenza dichiarativa di fallimento.

3. Fermo quanto previsto dall'art. 42, secondo comma, sono acquisite al fallimento tutte le utilità che il fallito consegue nel corso della procedura per effetto degli atti di cui al primo e secondo comma.

Art. 45.

Formalità eseguite dopo la dichiarazione di fallimento.

1. Le formalità necessarie per rendere opponibili gli atti ai terzi, se compiute dopo la data della dichiarazione di fallimento, sono senza effetto rispetto ai creditori.

Art. 46.

Beni non compresi nel fallimento.

1. Non sono compresi nel fallimento:

1) i beni ed i diritti di natura strettamente personale;

2) gli assegni aventi carattere alimentare, gli stipendi, pensioni, salari e ciò che il fallito guadagna con la sua attività, entro i limiti di quanto occorre per il mantenimento suo e della famiglia;

3) i frutti derivanti dall'usufrutto legale sui beni dei figli, i beni costituiti in fondo patrimoniale e i frutti di essi, salvo quanto è disposto dall'art. 170 del codice civile ;

4) ;………

5) le cose che non possono essere pignorate per disposizione di legge.

2. I limiti previsti nel primo comma, n. 2), sono fissati con decreto motivato del giudice delegato che deve tener conto della condizione personale del fallito e di quella della sua famiglia.

Art. 47.

Alimenti al fallito e alla famiglia.

1. Se al fallito vengono a mancare i mezzi di sussistenza, il giudice delegato, sentiti il curatore il comitato dei creditori, può concedergli un sussidio a titolo di alimenti per lui e per la famiglia.

2. La casa di proprietà del fallito, nei limiti in cui è necessaria all'abitazione di lui e della sua famiglia, non può essere distratta da tale uso fino alla liquidazione delle attività.

Art. 48.

Corrispondenza diretta al fallito.

1. Il fallito persona fisica è tenuto a consegnare al curatore la propria corrispondenza di ogni genere, inclusa quella elettronica, riguardante I rapporti compresi nel fallimento.

2. La corrispondenza diretta al fallito che non sia persona fisica è consegnata al curatore.

49.

Obblighi del fallito.

1. L'imprenditore del quale sia stato dichiarato il fallimento, nonché gli amministratori o i liquidatori di società o enti soggetti alla procedura di fallimento sono tenuti a comunicare al curator ogni cambiamento della propria residenza o del proprio domicilio.

2. Se occorrono informazioni o chiarimenti ai fini della gestione della procedura, i soggetti di cui al primo comma devono presentarsi personalmente al giudice delegato, al curatore o al comitato dei creditori.

3. In caso di legittimo impedimento o di altro giustificato motivo, il giudice può autorizzare l'imprenditore o il legale rappresentante della società o enti soggetti alla procedura di fallimento a comparire per mezzo di mandatario.

50

(abrogato)

Sezione II.

Degli effetti del fallimento per i creditori

Art. 51.

Divieto di azioni esecutive e cautelari individuali.

1. Salvo diversa disposizione della legge dal giorno della dichiarazione di fallimento nessuna azione individuale esecutiva o cautelare, anche per crediti maturati durante il fallimento, può essere iniziata o proseguita sui beni compresi nel fallimento.

Art. 52.

Concorso dei creditori.

1. Il fallimento apre il concorso dei creditori sul patrimonio del fallito.

2. Ogni credito, anche se munito di diritto di prelazione o trattato ai sensi dell'art. 111, primo comma, n. 1), nonché ogni diritto reale o personale, mobiliare o immobiliare, deve essere accertato secondo le norme stabilite dal capo V, salvo diverse disposizioni della legge.

3. Le disposizioni del secondo comma si applicano anche ai crediti esentati dal divieto di cui all'art. 51.

Art. 53.

Creditori muniti di pegno o privilegio su mobili.

1. I crediti garantiti da pegno o assistiti da privilegio a norma degli artt. 2756 e 2761 del codice civile possono essere realizzati anche durante il fallimento, dopo che sono stati ammessi al passivo con prelazione.

2. Per essere autorizzato alla vendita il creditore fa istanza al giudice delegato, il quale, sentiti il curatore e il comitato dei creditori, stabilisce con decreto il tempo della vendita, determinandone le modalità a norma dell'art. 107.

3. Il giudice delegato, sentito il comitato dei creditori, se è stato nominato, può anche autorizzare il curatore a riprendere le cose sottoposte a pegno o a privilegio, pagando il creditore, o ad eseguire la vendita nei modi stabiliti dal comma precedente.

Art. 54.

<u>Diritto dei creditori privilegiati nellaripartizione dell'attivo.</u>

1. I creditori garantiti da ipoteca, pegno o privilegio fanno valere il loro diritto di prelazione sul prezzo dei beni vincolati per il capitale, gli interessi e le spese; se non sono soddisfatti integralmente concorrono, per quanto è ancora loro dovuto, con i creditori chirografari nelle ripartizioni del resto dell'attivo.

2. Essi hanno diritto di concorrere anche nelle ripartizioni che si eseguono prima della distribuzione del prezzo dei beni vincolati a loro garanzia. In tal caso, se ottengono un'utile collocazione definitiva su questo prezzo per la totalità del loro credito, computati in primo luogo gli interessi, l'importo ricevuto nelle ripartizioni anteriori viene detratto dalla somma loro assegnata per essere attribuito ai creditori chirografari. Se la collocazione utile ha luogo per una parte del credito garantito, per il capitale non soddisfatto essi hanno diritto di trattenere solo la percentuale definitiva assegnata ai creditori chirografari.

3. L'estensione del diritto di prelazione agli interessi è regolata dagli artt. 2749, 2788 e 2855, commi secondo e terzo, del codice civile, intendendosi equiparata la dichiarazione di fallimento all'atto di pignoramento. Per i crediti assistiti da privilegio generale, il decorso degli interessi cessa alla data del deposito del progetto di riparto nel quale il credito è soddisfatto anche se parzialmente.

Art. 55.

Effetti del fallimento sui debiti pecuniari.

1. La dichiarazione di fallimento sospende il corso degli interessi convenzionali o legali, agli effetti del concorso, fino alla chiusura del fallimento, a meno che i crediti non siano garantiti da ipoteca, da pegno o privilegio, salvo quanto è disposto dal terzo comma dell'articolo precedente.

2. I debiti pecuniari del fallito si considerano scaduti agli effetti del concorso, alla data di dichiarazione del fallimento.

3. I crediti condizionali partecipano al concorso, a norma degli artt. 95, 113 e 113-bis. Sono compresi tra i crediti condizionali quelli che non possono farsi valere contro il fallito, se non previa escussione di un obbligato principale.

Art. 56.

Compensazione in sede di fallimento.

1. I creditori hanno diritto di compensare coi loro debiti verso il fallito i crediti che essi vantano verso lo stesso, ancorché non scaduti prima della dichiarazione di fallimento.

2. Per i crediti non scaduti la compensazione tuttavia non ha luogo se il creditore ha acquistato il credito per atto tra vivi dopo la dichiarazione di fallimento o nell'anno anteriore.

Art. 57.

Crediti infruttiferi.

1. I crediti infruttiferi non ancora scaduti alla data della dichiarazione di fallimento sono ammessi al passivo per l'intera somma. Tuttavia ad ogni singola ripartizione saranno detratti gli interessi composti, in ragione del cinque per cento all'anno, per il tempo che resta a decorrere dalla data del mandato di pagamento sino al giorno della scadenza del credito.

Art. 58.

Obbligazioni e titoli di debito.

1. I crediti derivanti da obbligazioni e da altri titoli di debito sono ammessi al passivo per il loro valore nominale detratti i rimborsi già effettuati; se è previsto un premio da estrarre a sorte, il suo valore

attualizzato viene distribuito tra tutti i titoli che hanno diritto al sorteggio.

Art. 59.

Crediti non pecuniari.

1. I crediti non scaduti, aventi per oggetto una prestazione in danaro determinata con riferimento ad altri valori o aventi per oggetto una prestazione diversa dal danaro, concorrono secondo il loro valore alla data della dichiarazione di fallimento.

Art. 60.

Rendita perpetua e rendita vitalizia.

1. Se nel passivo del fallimento sono compresi crediti per rendita perpetua, questa è riscattata a norma dell'art. 1866 del codice civile.

2. Il creditore di una rendita vitalizia è ammesso al passivo per una somma equivalente al valore capitale della rendita stessa al momento della dichiarazione di fallimento.

Art. 61.

Creditore di più coobbligati solidali.

1. Il creditore di più coobbligati in solido concorre nel fallimento di quelli tra essi che sono falliti, per l'intero credito in capitale e accessori, sino al totale pagamento.

2. Il regresso tra i coobbligati falliti può essere esercitato solo dopo che il creditore sia stato soddisfatto per l'intero credito.

Art. 62.

Creditore di più coobbligati solidali parzialmente soddisfatto.

1. Il creditore che, prima della dichiarazione di fallimento, ha ricevuto da un coobbligato in solido col fallito o da un fideiussore una parte del proprio credito, ha diritto di concorrere nel fallimento per la parte non riscossa.

2. Il coobbligato che ha diritto di regresso verso il fallito ha diritto di concorrere nel fallimento di questo per la somma pagata.

3. Tuttavia il creditore ha diritto di farsi assegnare la quota di riparto spettante al coobbligato fino a concorrenza di quanto ancora dovutogli. Resta impregiudicato il diritto verso il coobbligato se il creditore rimane parzialmente insoddisfatto.

Art. 63.

Coobbligato o fideiussore del fallito con diritto di garanzia.

1. Il coobbligato o fideiussore del fallito, che ha un diritto di pegno o d'ipoteca sui beni di lui a garanzia della sua azione di regresso, concorre nel fallimento per la somma per la quale ha ipoteca o pegno.

2. Il ricavato della vendita dei beni ipotecati o delle cose date in pegno spetta al creditore in deduzione della somma dovuta.

Sezione III.

Degli effetti del fallimento sugli atti pregiudizievoli ai creditori

Art. 64.

Atti a titolo gratuito.

1. Sono privi di effetto rispetto ai creditori, se compiuti dal fallito nei due anni anteriori alla dichiarazione di fallimento, gli atti a titolo gratuito, esclusi i regali d'uso e gli atti compiuti in adempimento di un dovere morale o a scopo di pubblica utilità, in quanto la liberalità sia proporzionata al patrimonio del donante.

Art. 65.

Pagamenti.

1. Sono privi di effetto rispetto ai creditori I pagamenti di crediti che scadono nel giorno della dichiarazione di fallimento o posteriormente, se tali pagamenti sono stati eseguiti dal fallito nei due anni anteriori alla dichiarazione di fallimento.

Art. 66.

Azione revocatoria ordinaria.

1. Il curatore può domandare che siano dichiarati inefficaci gli atti compiuti dal debitore in pregiudizio dei creditori, secondo le norme del codice civile.

2. L'azione si propone dinanzi al tribunal fallimentare, sia in confronto del contraente immediato, sia in confronto dei suoi aventi causa nei casi in cui sia proponibile contro costoro.

Art. 67.

<u>Atti a titolo oneroso, pagamenti, garanzie.</u>

1. Sono revocati, salvo che l'altra parte provi che non conosceva lo stato d'insolvenza del debitore:

1) gli atti a titolo oneroso compiuti nell'anno anteriore alla dichiarazione di fallimento, in cui le prestazioni eseguite o le obbligazioni assunte dal fallito sorpassano di oltre un quarto ciò che a lui è stato dato o promesso;

2) gli atti estintivi di debiti pecuniary scaduti ed esigibili non effettuati con danaro o con altri mezzi normali di pagamento, se compiuti nell'anno anteriore alla dichiarazione di fallimento;

3) i pegni, le anticresi e le ipoteche volontarie costituiti nell'anno anteriore alla dichiarazione di fallimento per debiti preesistenti non scaduti;

4) i pegni, le anticresi e le ipoteche giudiziali o volontarie costituiti entro sei mesi anteriori alla dichiarazione di fallimento per debiti scaduti.

2. Sono altresì revocati, se il curatore prova che l'altra parte conosceva lo stato d'insolvenza del debitore, i pagamenti di debiti liquidi ed esigibili, gli atti a titolo oneroso e quelli costitutivi di un diritto di prelazione per debiti, anche di terzi, contestualmente creati, se compiuti entro entro sei mesi anteriori alla dichiarazione di fallimento.

3. Non sono soggetti all'azione revocatoria:

a) i pagamenti di beni e servizi effettuati nell'esercizio dell'attività d'impresa nei termini d'uso;

b) le rimesse effettuate su un conto corrente bancario, purché non abbiano ridotto in maniera consistente e durevole l'esposizione debitoria del fallito nei confronti della banca;

c) le vendite ed i preliminari di vendita trascritti ai sensi dell'art. 2645-bis del codice civile, i cui effetti non siano cessati ai sensi del comma terzo della suddetta disposizione, conclusi a giusto prezzo ed aventi ad oggetto immobili ad uso abitativo, destinati a costituire l'abitazione principale dell'acquirente o di suoi parenti e affini entro il terzo grado ovvero immobili ad uso non abitativo destinati a costituire la sede principale dell'attività d'impresa dell'acquirente, purché alla data di dichiarazione di fallimento tale attività sia effettivamente esercitata ovvero siano stati compiuti investimenti per darvi inizio;

d) gli atti, i pagamenti e le garanzie concesse su beni del debitore purché posti in essere in esecuzione di un piano che appaia idoneo a consentire il risanamento della esposizione debitoria dell'impresa e ad assicurare il riequilibrio della sua situazione finanziaria; un professionista indipendente designato dal debitore, iscritto nel registro dei revisori legali ed in possesso dei requisiti previsti dall'art. 28, lettere a) e b) deve attestare la veridicità dei dati aziendali e la fattibilità del piano; il professionista è indipendente quando non è legato all'impresa e a coloro che hanno interesse all'operazione di risanamento da rapporti di natura personale o professionale tali da comprometterne l'indipendenza di giudizio; in ogni caso, il professionista deve essere in possesso dei requisiti previsti dall'art. 2399 del codice civile e non deve, neanche per il tramite di soggetti con i quali è unito in associazione professionale, avere prestato negli ultimi cinque anni attività di lavoro subordinato o autonomo in favore del debitore ovvero partecipato agli organi di amministrazione o di controllo; il piano può essere pubblicato nel registro delle imprese su richiesta del debitore;

e) gli atti, i pagamenti e le garanzie posti in essere in esecuzione del concordato preventivo, nonché dell'accordo omologato ai sensi dell'art. 182-bis, nonché gli atti, i pagamenti e le garanzie legalmente posti in essere dopo il deposito del ricorso di cui all'articolo 161;

f) i pagamenti dei corrispettivi per prestazioni di lavoro effettuate da dipendenti ed altri collaboratori, anche non subordinati, del fallito;

g) i pagamenti di debiti liquidi ed esigibili eseguiti alla scadenza per ottenere la prestazione di servizi strumentali all'accesso alle procedure concorsuali di concordato preventivo.

4. Le disposizioni di questo articolo non si applicano all'istituto di emissione, alle operazioni di credito su pegno e di credito fondiario; sono salve le disposizioni delle leggi speciali.

Art. 67-bis.

Patrimoni destinati ad uno specifico affare.

1. Gli atti che incidono su un patrimonio destinato ad uno specifico affare previsto dall'art. 2447-bis, primo comma, lett. a) del codice civile, sono revocabili quando pregiudicano il patrimonio della

società. Il presupposto soggettivo dell'azione è costituito dalla conoscenza dello stato d'insolvenza della società.

Art. 68.

Pagamento di cambiale scaduta.

1. In deroga a quanto disposto dall'art. 67, secondo comma, non può essere revocato il pagamento di una cambiale, se il possessore di questa doveva accettarlo per non perdere l'azione cambiaria di regresso. In tal caso, l'ultimo obbligato in via di regresso, in confronto del quale il curatore provi che conosceva lo stato d'insolvenza del principale obbligato quando ha tratto o girato la cambiale, deve versare la somma riscossa al curatore.

Art. 69.

Atti compiuti tra coniugi.

1. Gli atti previsti dall'art. 67, compiuti tra coniugi nel tempo in cui il fallito esercitava un'impresa commerciale e quelli a titolo gratuito compiuti tra coniugi più di due anni prima della dichiarazione di fallimento, ma nel tempo in cui il fallito esercitava un'impresa commerciale sono revocati se il coniuge non prova che ignorava lo stato d'insolvenza del coniuge fallito.

Art. 69-bis.

Decadenza dall'azione e computo dei termini.

1. Le azioni revocatorie disciplinate nella presente sezione non possono essere promosse decorsi tre anni dalla dichiarazione di fallimento e comunque decorsi cinque anni dal compimento dell'atto.

2. Nel caso in cui alla domanda di concordato preventivo segua la dichiarazione di fallimento, I termini di cui agli articoli 64, 65, 67, primo e secondo comma, e 69 decorrono dalla data di pubblicazione della domanda di concordato nel registro delle imprese.

Art. 70.

Effetti della revocazione.

1. La revocatoria dei pagamenti avvenuti tramite intermediari specializzati, procedure di compensazione multilaterale o dalle società previste dall'art. 1 della l. 23 novembre 1939, n. 1966, si esercita e produce effetti nei confronti del destinatario della prestazione.

2. Colui che, per effetto della revoca prevista dalle disposizioni precedenti, ha restituito quanto aveva ricevuto è ammesso al passivo fallimentare per il suo eventuale credito.

3. Qualora la revoca abbia ad oggetto atti estintivi di posizioni passive derivanti da rapporti di conto corrente bancario o comunque rapporti continuativi o reiterati, il terzo deve restituire una somma pari alla differenza tra l'ammontare massimo raggiunto dalle sue pretese, nel periodo per il quale è provata la conoscenza dello stato d'insolvenza, e l'ammontare residuo delle stesse, alla data in cui si è aperto il concorso. Resta salvo il diritto del convenuto d'insinuare al passivo un credito d'importo corrispondente a quanto restituito.

Art. 71

(Articolo abrogato dall'art. 56 del D. Lgs. 9 gennaio 2006, n. 5. La modifica è entrata in vigore il 16 luglio 2006.)

Sezione IV.

Degli effetti del fallimento sui rapporti giuridici preesistenti

Art. 72.

Rapporti pendenti.

1. Se un contratto è ancora ineseguito o non compiutamente eseguito da entrambe le parti quando, nei confronti di una di esse, è dichiarato il fallimento, l'esecuzione del contratto, fatte salve le diverse disposizioni della presente Sezione, rimane sospesa fino a quando il curatore, con l'autorizzazione del comitato dei creditori, dichiara di subentrare nel contratto in luogo del fallito, assumendo tutti i relativi obblighi, ovvero di sciogliersi dal medesimo, salvo che, nei contratti ad effetti reali, sia già avvenuto il trasferimento del diritto.

2. Il contraente può mettere in mora il curatore, facendogli assegnare dal giudice delegato un termine non superiore a sessanta giorni, decorso il quale il contratto si intende sciolto.

3. La disposizione di cui al primo comma si applica anche al contratto preliminare salvo quanto previsto nell'art. 72-bis.

4. In caso di scioglimento, il contraente ha diritto di far valere nel passivo il credito conseguente al mancato adempimento, senza che gli sia dovuto risarcimento del danno.

5. L'azione di risoluzione del contratto promossa prima del fallimento nei confronti della parte inadempiente spiega i suoi effetti nei

confronti del curatore, fatta salva, nei casi previsti, l'efficacia della trascrizione della domanda; se il contraente intende ottenere con la pronuncia di risoluzione la restituzione di una somma o di un bene, ovvero il risarcimento del danno, deve proporre la domanda secondo le disposizioni di cui al Capo V.

6. Sono inefficaci le clausole negoziali che fanno dipendere la risoluzione del contratto dal fallimento.

7. In caso di scioglimento del contratto preliminare di vendita immobiliare trascritto ai sensi dell'art. 2645-bis del codice civile, l'acquirente ha diritto di far valere il proprio credito nel passivo, senza che gli sia dovuto il risarcimento del danno e gode del privilegio di cui all'art. 2775-bis del codice civile a condizione che gli effetti della trascrizione del contratto preliminare non siano cessati anteriormente alla data della dichiarazione di fallimento.

8. Le disposizioni di cui al primo comma non si applicano al contratto preliminare di vendita trascritto ai sensi dell'art. 2645-bis del codice civile avente ad oggetto un immobile ad uso abitativo destinato a costituire l'abitazione principale dell'acquirente o di suoi parenti ed affini entro il terzo grado ovvero un immobile ad uso non abitativo destinato a costituire la sede principale dell'attività d'impresa dell'acquirente.

Art. 72-bis.

Contratti relativi ad immobili da costruire.

1. I contratti di cui all'art. 5 del d.lg. 20 giugno 2005, n. 122 si sciolgono se, prima che il curator comunichi la scelta tra esecuzione o scioglimento, l'acquirente abbia escusso la fideiussione a garanzia della restituzione di quanto versato al costruttore, dandone altresì comunicazione al curatore. In ogni caso, la fideiussione non può essere escussa dopo che il curatore ha comunicato di voler dare esecuzione al contratto.

Art. 72-ter.

Effetti sui finanziamenti destinati ad uno specifico affare.

1. Il fallimento della società determina lo scioglimento del contratto di finanziamento di cui all'art. 2447-bis, primo comma, lett. b), del codice civile quando impedisce la realizzazione o la continuazione dell'operazione.

2. In caso contrario, il curatore, sentito il parere del comitato dei creditori, può decidere di subentrare nel contratto in luogo della società assumendone gli oneri relativi.

3. Ove il curatore non subentri nel contratto, il finanziatore può chiedere al giudice delegato, sentito il comitato dei creditori, di realizzare o di continuare l'operazione, in proprio o affidandola a terzi; in tale ipotesi il finanziatore può trattenere I proventi dell'affare e può insinuarsi al passivo del fallimento in via chirografaria per l'eventuale credito residuo.

4. Nelle ipotesi previste nel secondo e terzo comma, resta ferma la disciplina prevista dall'art. 2447-decies, terzo, quarto e quinto comma, del codice civile.

5. Qualora, nel caso di cui al primo comma, non si verifichi alcuna delle ipotesi previste nel secondo e nel terzo comma, si applica l'art. 2447- decies, sesto comma, del codice civile.

Art. 72-quater.

Locazione finanziaria.

1. Al contratto di locazione finanziaria si applica, in caso di fallimento dell'utilizzatore, l'art. 72. Se è disposto l'esercizio provvisorio dell'impresa il contratto continua ad avere esecuzione salvo che il curatore dichiari di volersi sciogliere dal contratto.

2. In caso di scioglimento del contratto, il concedente ha diritto alla restituzione del bene ed è tenuto a versare alla curatela l'eventuale differenza fra la maggiore somma ricavata dalla vendita o da altra collocazione del bene stesso avvenute a valori di mercato rispetto al credito residuo in linea capitale; per le somme già riscosse si applica l'art. 67, terzo comma, lett. a).

3. Il concedente ha diritto ad insinuarsi nello stato passivo per la differenza fra il credito vantato alla data del fallimento e quanto ricavato dalla nuova allocazione del bene.

4. In caso di fallimento delle società autorizzate alla concessione di finanziamenti sotto forma di locazione finanziaria, il contratto prosegue; l'utilizzatore conserva la facoltà di acquistare, alla scadenza del contratto, la proprietà del bene, previo pagamento dei canoni e del prezzo pattuito.

Art. 73.

Vendita con riserva di proprietà.

1. Nella vendita con riserva di proprietà, in caso di fallimento del compratore, se il prezzo deve essere pagato a termine o a rate, il curatore può subentrare nel contratto con l'autorizzazione del comitato dei creditori; il venditore può chiedere cauzione a meno che il curatore paghi immediatamente il prezzo con lo sconto dell'interesse legale. Qualora il curatore si sciolga dal contratto, il venditore deve restituire le rate di prezzo già riscosse, salvo il diritto ad un equo compenso per l'uso della cosa.

2. Il fallimento del venditore non è causa di scioglimento del contratto.

Art. 74.

Contratti ad esecuzione continuata o periodica.

1. Se il curatore subentra in un contratto ad esecuzione continuata o periodica deve pagare integralmente il prezzo anche delle consegne già avvenute o dei servizi già erogati.

Art. 75.

Restituzione di cose non pagate.

1. Se la cosa mobile oggetto della vendita è già stata spedita al compratore prima della dichiarazione di fallimento di questo, ma non è ancora a sua disposizione nel luogo di destinazione, né altri ha acquistato diritti sulla medesima, il venditore può riprenderne il possesso, assumendo a suo carico le spese e restituendo gli acconti ricevuti, sempreché egli non preferisca dar corso al contratto facendo valere nel passivo il credito per il prezzo, o il curatore non intenda farsi consegnare la cosa pagandone il prezzo integrale.

Art. 76.

Contratto di borsa a termine.

1. Il contratto di borsa a termine, se il termine scade dopo la dichiarazione di fallimento di uno dei contraenti, si scioglie alla data della dichiarazione di fallimento. La differenza fra il prezzo contrattuale e il valore delle cose o dei titoli alla data della dichiarazione di fallimento è versata nel fallimento se il fallito risulta in credito, o è ammessa al passivo del fallimento nel caso contrario.

Art. 77.

Associazione in partecipazione.

1. L'associazione in partecipazione si scioglie per il fallimento dell'associante. L'associato ha diritto di far valere nel passivo il credito per quella parte dei conferimenti, la quale non è assorbita dalle perdite che sono a suo carico.

2. L'associato è tenuto al versamento della parte ancora dovuta nei limiti delle perdite che sono a suo carico.

3. Nei suoi confronti è applicata la procedura prevista dall'art. 150.

Art. 78.

Conto corrente, mandato, commissione

1. I contratti di conto corrente, anche bancario, e di commissione si sciolgono per il fallimento di una delle parti.

2. Il contratto di mandato si scioglie per il fallimento del mandatario.

3. Se il curatore del fallimento del mandante subentra nel contratto, il credito del mandatario è trattato a norma dell'art. 111, primo comma, n. 1), per l'attività compiuta dopo il fallimento.

Art. 79.

Contratto di affitto d'azienda.

1. Il fallimento non è causa di scioglimento del contratto di affitto d'azienda, ma entrambe le parti possono recedere entro sessanta giorni, corrispondendo alla controparte un equo indennizzo, che, nel dissenso tra le parti, è determinato dal giudice delegato, sentiti gli interessati. L'indennizzo dovuto dalla curatela è regolato dall'art. 111, n. 1).

Art. 80.

Contratto di locazione di immobili.

1. Il fallimento del locatore non scioglie il contratto di locazione d'immobili e il curatore subentra nel contratto.

2. Qualora la durata del contratto sia complessivamente superiore a quattro anni dalla dichiarazione di fallimento, il curatore ha, entro un anno dalla dichiarazione di fallimento, la facoltà di recedere dal contratto corrispondendo al conduttore un equo indennizzo per l'anticipato recesso, che nel dissenso fra le parti, è determinato dal

giudice delegato, sentiti gli interessati. Il recesso ha effetto decorsi quattro anni dalla dichiarazione di fallimento.

3. In caso di fallimento del conduttore, il curatore può in qualunque tempo recedere dal contratto, corrispondendo al locatore un equo indennizzo per l'anticipato recesso, che nel dissenso fra le parti, è determinato dal giudice delegato, sentiti gli interessati.

4. Il credito per l'indennizzo è soddisfatto in prededuzione ai sensi dell'art. 111, primo comma, n. 1) con il privilegio dell'art. 2764 del codice civile.

Art. 80-bis

(Articolo abrogato dall'art. 4 del D. Lgs. 12 settembre 2007, n. 169. La modifica si applica ai procedimenti per dichiarazione di fallimento pendenti alla data del 1 gennaio 2008, nonché alle procedure concorsuali e di concordato aperte successivamente).

Art. 81.

Contratto di appalto.

1. Il contratto di appalto si scioglie per il fallimento di una delle parti, se il curatore, previa autorizzazione del comitato dei creditori non dichiara di voler subentrare nel rapporto dandone comunicazione all'altra parte nel termine di giorni sessanta dalla dichiarazione di fallimento ed offrendo idonee garanzie.

2. Nel caso di fallimento dell'appaltatore, il rapporto contrattuale si scioglie se la considerazione della qualità soggettiva è stata un motivo determinante del contratto, salvo che il committente non consenta, comunque, la prosecuzione del rapporto. Sono salve le norme relative al contratto di appalto per le opera pubbliche.

Art. 82.

Contratto di assicurazione.

1. Il fallimento dell'assicurato non scioglie il contratto di assicurazione contro i danni, salvo patto contrario, e salva l'applicazione dell'art. 1898 del codice civile se ne deriva un aggravamento del rischio.

2. Se il contratto continua, il credito dell'assicuratore per i premi non pagati deve essere soddisfatto integralmente, anche se la scadenza del premio è anteriore alla dichiarazione di fallimento.

83. Contratto di edizione.

1. Gli effetti del fallimento dell'editore sul contratto di edizione sono regolati dalla legge speciale.

83-bis. Clausola arbitrale.

19

1. Se il contratto in cui è contenuta una clausola compromissoria è sciolto a norma delle disposizioni della presente sezione, il procedimento arbitrale pendente non può essere proseguito.

CAPO IV

Della custodia e dell'amministrazione delle attività fallimentari

84. Dei sigilli.

1. Dichiarato il fallimento, il curatore procede, secondo le norme stabilite dal codice di procedura civile, all'apposizione dei sigilli sui beni che si trovano nella sede principale dell'impresa e sugli altri beni del debitore.

2. Il curatore può richiedere l'assistenza della forza pubblica.

3. Se i beni o le cose si trovano in più luoghi e non è agevole l'immediato completamento delle operazioni, l'apposizione dei sigilli può essere delegata a uno o più coadiutori designati dal giudice delegato.

4. Per i beni e le cose sulle quali non è possibile apporre i sigilli si procede a norma dell'art. 758 del codice di procedura civile.

Art. 85

(Articolo abrogato dall'art. 71 del D. Lgs. 9 gennaio 2006, n. 5. La modifica è entrata in vigore il 16 luglio 2006)

Art. 86.

Consegna del denaro, titoli, scritture contabili e di altra documentazione.

1. Devono essere consegnate al curatore:

a) il denaro contante per essere dal medesimo depositato a norma dell'art. 34;

b) le cambiali e gli altri titoli compresi quelli scaduti;

c) le scritture contabili e ogni altra documentazione dal medesimo richiesta o acquisita se non ancora depositate in cancelleria.

2. Il giudice delegato può autorizzarne il deposito in luogo idoneo, anche presso terzi. In ogni caso, il curatore deve esibire le scritture contabili a richiesta del fallito o di chi ne abbia diritto. Nel caso in cui il curatore non ritenga di dover esibire la documentazione richiesta, l'interessato può proporre ricorso al giudice delegato che provvede con decreto motivato.

3. Può essere richiesto il rilascio di copia, previa autorizzazione del giudice delegato, a cura e spese del richiedente.

Art. 87.

Inventario.

1. Il curatore, rimossi i sigilli, redige l'inventario nel più breve termine possibile secondo le norme stabilite dal codice di procedura civile, presenti o avvisati il fallito e il comitato dei creditori, se nominato, formando, con l'assistenza del cancelliere, processo verbale delle attività compiute. Possono intervenire i creditori.

2. Il curatore, quando occorre, nomina uno stimatore.

3. Prima di chiudere l'inventario il curator invita il fallito o, se si tratta di società, gli amministratori a dichiarare se hanno notizia che esistano altre attività da comprendere nell'inventario, avvertendoli

delle pene stabilite dall'art. 220 in caso di falsa o omessa dichiarazione.

4. L'inventario è redatto in doppio originale e sottoscritto da tutti gli intervenuti. Uno degli originali deve essere depositato nella cancelleria del tribunale.

Art. 87-bis.

Inventario su altri beni.

1. In deroga a quanto previsto dagli artt. 52 e 103, i beni mobili sui quali i terzi vantano diritti reali o personali chiaramente riconoscibili possono essere restituiti con decreto del giudice delegato, su istanza della parte interessata e con il consenso del curatore e del comitato dei creditori, anche provvisoriamente nominato.

2. I beni di cui al primo comma possono non essere inclusi nell'inventario.

3. Sono inventariati i beni di proprietà del fallito per i quali il terzo detentore ha diritto di rimanere nel godimento in virtù di un titolo negoziale opponibile al curatore. Tali beni non sono soggetti alla presa in consegna a norma dell'art. 88.

Art. 88.

Presa in consegna dei beni del fallito da parte del curatore.

1. Il curatore prende in consegna i beni di mano in mano che ne fa l'inventario insieme con le scritture contabili e i documenti del fallito.

2. Se il fallito possiede immobili o altri beni soggetti a pubblica registrazione, il curatore notifica un estratto della sentenza dichiarativa di fallimento ai competenti uffici, perché sia trascritto nei pubblici registri.

Art. 89.

Elenchi dei creditori e dei titolari di diritti reali mobiliari e bilancio.

1. Il curatore, in base alle scritture contabili del fallito e alle altre notizie che può raccogliere, deve compilare l'elenco dei creditori, con l'indicazione dei rispettivi crediti e diritti di prelazione, nonchè l'elenco di tutti coloro che vantano diritti reali e personali, mobiliari e immobiliari, su cose in possesso o nella disponibilità del fallito, con l'indicazione dei titoli relativi. Gli elenchi sono depositati in cancelleria.

2. Il curatore deve inoltre redigere il bilancio dell'ultimo esercizio, se non è stato presentato dal fallito nel termine stabilito, ed apportare le

rettifiche necessarie e le eventuali aggiunte ai bilanci e agli elenchi presentati dal fallito a norma dell'art. 14.

Art. 90.

Fascicolo della procedura.

1. Immediatamente dopo la pubblicazione della sentenza di fallimento, il cancelliere forma un fascicolo, anche in modalità informatica, munito di indice, nel quale devono essere contenuti tutti gli atti, i provvedimenti ed i ricorsi attinenti al procedimento, opportunamente suddivisi in sezioni, esclusi quelli che, per ragioni di riservatezza, debbono essere custoditi separatamente.

2. Il comitato dei creditori e ciascun suo componente hanno diritto di prendere visione di qualunque atto o documento contenuti nel fascicolo. Analogo diritto, con la sola eccezione della relazione del curatore e degli atti eventualmente riservati su disposizione del giudice delegato, spetta anche al fallito.

3. Gli altri creditori ed i terzi hanno diritto di prendere visione e di estrarre copia degli atti e dei documenti per i quali sussiste un loro specifico ed attuale interesse, previa autorizzazione del giudice delegato, sentito il curatore.

Art. 91

(Articolo abrogato dall'art. 299, d.p.r. 30 maggio 2002, n. 115, a decorrere dal 1° luglio 2002)

CAPO V

Dell'accertamento del passivo e dei diritti reali mobiliari dei terzi

Art. 92.

Avviso ai creditori ed agli altri interessati.

1. Il curatore, esaminate le scritture dell'imprenditore ed altre fonti di informazione, comunica senza indugio ai creditori e ai titolari di diritti reali o personali su beni mobili e immobili di proprietà o in possesso del fallito, a mezzo posta presso la sede dell'impresa o la residenza del creditore, ovvero a mezzo telefax o posta elettronica:

1) che possono partecipare al concorso depositando nella cancelleria del tribunale, domanda ai sensi dell'articolo seguente;

2) la data fissata per l'esame dello stato passivo e quella entro cui vanno presentate le domande;

3) ogni utile informazione per agevolare la presentazione della domanda.

2. Se il creditore ha sede o risiede all'estero, la comunicazione può essere effettuata al suo rappresentante in Italia, se esistente.

Art. 93.

<u>Domanda di ammissione al passivo.</u>

1. La domanda di ammissione al passivo di un credito, di restituzione o rivendicazione di beni mobili e immobili, si propone con ricorso da depositare presso la cancelleria del tribunal almeno trenta giorni prima dell'udienza fissata per l'esame dello stato passivo.

2. Il ricorso può essere sottoscritto anche personalmente dalla parte e può essere spedito, anche in forma telematica o con altri mezzi di trasmissione purché sia possibile fornire la prova della ricezione.

3. Il ricorso contiene:

1) l'indicazione della procedura cui si intende partecipare e le generalità del creditore;

2) la determinazione della somma che si intende insinuare al passivo, ovvero la descrizione del bene di cui si chiede la restituzione o la rivendicazione;

3) la succinta esposizione dei fatti e degli elementi di diritto che costituiscono la ragione della domanda;

4) l'eventuale indicazione di un titolo di prelazione, [...] nonché la descrizione del bene sul quale la prelazione si esercita, se questa ha carattere speciale;

5) l'indicazione del numero di telefax, l'indirizzo di posta elettronica o l'elezione di domicilio in un comune nel circondario ove ha sede il tribunale, ai fini delle successive comunicazioni. È facoltà del creditore indicare, quale modalità di notificazione e di comunicazione, a trasmissione per posta elettronica o per telefax ed è onere dello stesso comunicare al curatore ogni variazione del domicilio o delle predette modalità.

4. Il ricorso è inammissibile se è omesso o assolutamente incerto uno dei requisiti di cui ai nn. 1), 2) o 3) del precedente comma. Se è omesso o assolutamente incerto il requisito di cui al n. 4), il credito è considerato chirografario.

5. Se è omessa l'indicazione di cui al n. 5), tutte le comunicazioni successive a quella con la quale il curatore dà notizia della esecutività dello stato passivo, si effettuano presso la cancelleria.

6. Al ricorso sono allegati i documenti dimostrativi del diritto del creditore ovvero del diritto del terzo che chiede la restituzione o rivendica il bene.

7. Con la domanda di restituzione o rivendicazione, il terzo può chiedere la sospensione della liquidazione dei beni oggetto della domanda.

8. Il ricorso può essere presentato dal rappresentante comune degli obbligazionisti ai sensi dell'art. 2418, secondo comma, del codice civile, anche per singoli gruppi di creditori.

9. Il giudice ad istanza della parte può disporre che il cancelliere prenda copia dei titoli al portatore o all'ordine presentati e li restituisca con l'annotazione dell'avvenuta domanda di ammissione al passivo.

Art. 94.

Effetti della domanda.

1. La domanda di cui all'art. 93 produce gli effetti della domanda giudiziale per tutto il corso del fallimento.

Art. 95.

Progetto di stato passivo e udienza di discussione.

1. Il curatore esamina le domande di cui all'art. 93 e predispone elenchi separati dei creditori e dei titolari di diritti su beni mobili e immobili di proprietà o in possesso del fallito, rassegnando per ciascuno le sue motivate conclusioni. Il curatore può eccepire i fatti estintivi, modificativi o impeditivi del diritto fatto valere, nonchè l'inefficacia del titolo su cui sono fondati il credito o la prelazione, anche se è prescritta la relativa azione.

2. Il curatore deposita il progetto di stato passivo nella cancelleria del tribunale almeno quindici giorni prima dell'udienza fissata per l'esame dello stato passivo. I creditori, i titolari di diritti sui beni ed il fallito

possono esaminare il progetto e presentare osservazioni scritte e documenti integrativi fino all'udienza.

3. All'udienza fissata per l'esame dello stato passivo, il giudice delegato, anche in assenza delle parti, decide su ciascuna domanda, nei limiti delle conclusioni formulate ed avuto riguardo alle eccezioni del curatore, a quelle rilevabili d'ufficio ed a quelle formulate dagli altri interessati. Il giudice delegato può procedere ad atti di istruzione su richiesta delle parti, compatibilmente con le esigenze di speditezza del procedimento.

4. Il fallito può chiedere di essere sentito.

5. Delle operazioni si redige processo verbale.

Art. 96.

Formazione ed esecutività dello stato passivo.

1. I. Il giudice delegato, con decreto succintamente motivato, accoglie in tutto o in parte ovvero respinge o dichiara inammissibile la domanda proposta ai sensi dell'articolo 93.

II. Oltre che nei casi stabiliti dalla legge, sono ammessi al passivo con riserva:

1) i crediti condizionati e quelli indicati nell'ultimo comma dell'articolo 55;

2) i crediti per i quali la mancata produzione del titolo dipende da fatto non riferibile al creditore, salvo che la produzione avvenga nel termine assegnato dal giudice;

3) i crediti accertati con sentenza del giudice ordinario o speciale non passata in giudicato, pronunziata prima della dichiarazione di fallimento. Il curatore può proporre o proseguire il giudizio di impugnazione.

III. Se le operazioni non possono esaurirsi in una sola udienza il giudice ne rinvia la prosecuzione a non più di otto giorni, senza altro avviso per gli intervenuti e per gli assenti.

IV. Terminato l'esame di tutte le domande, il giudice delegato forma lo stato passivo e lo rende esecutivo con decreto depositato in cancelleria.

V. Il decreto che rende esecutivo lo stato passivo e le decisioni assunte dal tribunale all'esito dei giudizi di cui all'articolo 99, producono effetti soltanto ai fini del concorso.

Art. 97.

Comunicazione dell'esito del procedimento di accertamento del passivo.

I. Il curatore, immediatamente dopo la dichiarazione di esecutivita' dello stato passivo, ne da' comunicazione trasmettendo una copia a tutti i ricorrenti, informandoli del diritto di proporre opposizione in caso di mancato accoglimento della domanda.

Art. 98.

Impugnazioni.

I. Contro il decreto che rende esecutivo lo stato passivo può essere proposta opposizione, impugnazione dei crediti ammessi o revocazione.

II. Con l'opposizione il creditore o il titolare di diritti su beni mobili o immobili contestano che la propria domanda sia stata accolta in parte o sia stata respinta; l'opposizione è proposta nei confronti del curatore.

III. Con l'impugnazione il curatore, il creditore o il titolare di diritti su beni mobili o immobili contestano che la domanda di un creditore o di altro concorrente sia stata accolta; l'impugnazione è rivolta nei confronti del creditore concorrente, la cui domanda è stata accolta. Al procedimento partecipa anche il curatore.

IV. Con la revocazione il curatore, il creditore o il titolare di diritti su beni mobili o immobili, decorsi i termini per la proposizione della opposizione o della impugnazione, possono chiedere che il provvedimento di accoglimento o di rigetto vengano revocati se si scopre che essi sono stati determinati da falsità, dolo, errore essenziale di fatto o dalla mancata conoscenza di documenti decisivi che non sono stati prodotti tempestivamente per causa non imputabile. La revocazione è proposta nei confronti del creditore concorrente, la cui domanda è stata accolta, ovvero nei confronti del curatore quando la domanda è stata respinta. Nel primo caso, al procedimento partecipa il curatore.

V. Gli errori materiali contenuti nello stato passivo sono corretti con decreto del giudice delegato su istanza del creditore o del curatore, sentito il curatore o la parte interessata.

Art. 99.

Procedimento.

I. Le impugnazioni di cui all'articolo precedente si propongono con ricorso depositato presso la cancelleria del tribunale entro trenta giorni dalla comunicazione di cui all'articolo 97 ovvero in caso di revocazione dalla scoperta del fatto o del documento.

II. Il ricorso deve contenere:

1) l'indicazione del tribunale, del giudice delegato e del fallimento;

2) le generalità dell'impugnante e l'elezione del domicilio nel comune ove ha sede il tribunale che ha dichiarato il fallimento;

3) l'esposizione dei fatti e degli elementi di diritto su cui si basa l'impugnazione e le relative conclusioni;

4) a pena di decadenza, le eccezioni processuali e di merito non rilevabili d'ufficio, nonché l'indicazione specifica dei mezzi di prova di cui il ricorrente intende avvalersi e dei documenti prodotti.

III. Il presidente, nei cinque giorni successivi al deposito del ricorso, designa il relatore, al quale può delegare la trattazione del procedimento, e fissa con decreto l'udienza di comparizione entro sessanta giorni dal deposito del ricorso.

IV. Il ricorso, unitamente al decreto di fissazione dell'udienza, deve essere notificato, a cura del ricorrente, al curatore ed all'eventuale controinteressato entro dieci giorni dalla comunicazione del decreto.

V. Tra la data della notificazione e quella dell'udienza deve intercorrere un termine non minore di trenta giorni.

VI. Le parti resistenti devono costituirsi almeno dieci giorni prima dell'udienza, eleggendo il domicilio nel comune in cui ha sede il tribunale.

VII. La costituzione si effettua mediante il deposito in cancelleria di una memoria difensiva contenente, a pena di decadenza, le eccezioni processuali e di merito non rilevabili d'ufficio, nonché l'indicazione specifica dei mezzi di prova e dei documenti prodotti.

VIII. L'intervento di qualunque interessato non può avere luogo oltre il termine stabilito per la costituzione delle parti resistenti con le modalità per queste previste.

IX. Il giudice provvede, anche ai sensi del terzo comma, all'ammissione ed all'espletamento dei mezzi istruttori.

X. Il giudice delegato al fallimento non può far parte del collegio.

XI. Il collegio provvede in via definitiva sull'opposizione, impugnazione o revocazione con decreto motivato entro sessanta giorni dall'udienza o dalla scadenza del termine eventualmente assegnato per il deposito di memorie.

XII. Il decreto è comunicato dalla cancelleria alle parti che, nei successivi trenta giorni, possono proporre ricorso per cassazione.

Art. 100.

(Articolo abrogato dall'art. 85 del D. Lgs. 9 gennaio 2006, n. 5. La modifica è entrata in vigore il 16 luglio 2006)

Art.101.

Domande tardive di crediti.

I. Le domande di ammissione al passivo di un credito, di restituzione o rivendicazione di beni mobili e immobili, trasmesse al curatore oltre il termine di trenta giorni prima dell'udienza fissata per la verifica del passivo e non oltre quello di dodici mesi dal deposito del decreto di esecutività dello stato passivo sono considerate tardive; in caso di particolare complessità della procedura, il tribunale, con la sentenza che dichiara il fallimento, può prorogare quest'ultimo termine fino a diciotto mesi.

II. Il procedimento di accertamento delle domande tardive si svolge nelle stesse forme di cui all'articolo 95. Il giudice delegato fissa per l'esame delle domande tardive un'udienza ogni quattro mesi, salvo che sussistano motivi d'urgenza. Il curatore dà avviso a coloro che hanno presentato la domanda, della data dell'udienza. Si applicano le disposizioni di cui agli articoli da 93 a 99.

III. Il creditore ha diritto di concorrere sulle somme già distribuite nei limiti di quanto stabilito nell'articolo 112. Il titolare di diritti su beni mobili o immobili, se prova che il ritardo è dipeso da causa non imputabile, può chiedere che siano sospese le attività di liquidazione del bene sino all'accertamento del diritto.

IV. Decorso il termine di cui al primo comma, e comunque fino a quando non siano esaurite tutte le ripartizioni dell'attivo fallimentare, le domande tardive sono ammissibili se l'istante prova che il ritardo è dipeso da causa a lui non imputabile.

Art. 102.

Previsione di insufficiente realizzo.

I. Il tribunale, con decreto motivato da adottarsi prima dell'udienza per l'esame dello stato passivo, su istanza del curatore depositata almeno venti giorni prima dell'udienza stessa, corredata da una relazione sulle prospettive della liquidazione, e dal parere del comitato dei creditori, sentito il fallito, dispone non farsi luogo al procedimento di accertamento del passivo relativamente ai crediti concorsuali se risulta che non può essere acquisito attivo da distribuire ad alcuno dei creditori che abbiano chiesto l'ammissione al passivo, salva la soddisfazione dei crediti prededucibili e delle spese di procedura.

II. Le disposizioni di cui al primo comma si applicano, in quanto compatibili, ove la condizione di insufficiente realizzo emerge successivamente alla verifica dello stato passivo.

III. Il curatore comunica il decreto di cui al primo comma trasmettendone copia ai creditori che abbiano presentato domanda di ammissione al passivo ai sensi degli articoli 93 e 101, i quali, nei quindici giorni successivi, possono presentare reclamo alla corte di appello, che provvede con decreto in camera di consiglio, sentito il reclamante, il curatore, il comitato dei creditori ed il fallito.

Art.103.

Procedimenti relativi a domande di rivendica e restituzione.

I. Ai procedimenti che hanno ad oggetto domande di restituzione o di rivendicazione, si applica il regime probatorio previsto nell'articolo 621 del codice di procedura civile. Se il bene non è stato acquisito all'attivo della procedura, il titolare del diritto, anche nel corso dell'udienza di cui all'articolo 95, può modificare l'originaria domanda e chiedere l'ammissione al passivo del controvalore del bene alla data di apertura del concorso. Se il curatore perde il possesso della cosa dopo averla acquisita, il titolare del diritto può chiedere che il controvalore del bene sia corrisposto in prededuzione.

II. Sono salve le disposizioni dell'articolo 1706 del codice civile.

CAPO VI

Dell'esercizio provvisorio e della liquidazione dell'attivo

Sezione I.

Disposizioni generali

Art. 104.

<u>Esercizio provvisorio dell'impresa del fallito.</u>

I. Con la sentenza dichiarativa del fallimento, il tribunale può disporre l'esercizio provvisorio dell'impresa, anche limitatamente a specifici rami dell'azienda, se dalla interruzione può derivare un danno grave, purché non arrechi pregiudizio ai creditori.

II. Successivamente, su proposta del curatore, il giudice delegato, previo parere favorevole del comitato dei creditori, autorizza, con decreto motivato, la continuazione temporanea dell'esercizio dell'impresa, anche limitatamente a specifici rami dell'azienda, fissandone la durata.

III. Durante il periodo di esercizio provvisorio, il comitato dei creditori è convocato dal curatore, almeno ogni tre mesi, per essere informato sull'andamento della gestione e per pronunciarsi sull'opportunità di continuare l'esercizio.

IV. Se il comitato dei creditori non ravvisa l'opportunità di continuare l'esercizio provvisorio, il giudice delegato ne ordina la cessazione.

V. Ogni semestre, o comunque alla conclusione del periodo di esercizio provvisorio, il curatore deve presentare un rendiconto dell'attività mediante deposito in cancelleria. In ogni caso il curatore informa senza indugio il giudice delegato e il comitato dei creditori di circostanze sopravvenute che possono influire sulla prosecuzione dell'esercizio provvisorio.

VI. Il tribunale può ordinare la cessazione dell'esercizio provvisorio in qualsiasi momento laddove ne ravvisi l'opportunità, con decreto in camera di consiglio non soggetto a reclamo sentiti il curatore ed il comitato dei creditori.

VII. Durante l'esercizio provvisorio i contratti pendenti proseguono, salvo che il curatore non intenda sospenderne l'esecuzione o scioglierli.

VIII. I crediti sorti nel corso dell'esercizio provvisorio sono soddisfatti in prededuzione ai sensi dell'articolo 111, primo comma, n. 1).

IX. Al momento della cessazione dell'esercizio provvisorio si applicano le disposizioni di cui alla sezione IV del capo III del titolo II.

Art. 104-bis.

Affitto dell'azienda o di rami dell'azienda.

I. Anche prima della presentazione del programma di liquidazione di cui all'articolo 104-ter su proposta del curatore, il giudice delegato, previo parere favorevole del comitato dei creditori, autorizza l'affitto dell'azienda del fallito a terzi anche limitatamente a specifici rami quando appaia utile al fine della più proficua vendita dell'azienda o di parti della stessa.

II. La scelta dell'affittuario è effettuata dal curatore a norma dell'articolo 107, sulla base di stima, assicurando, con adeguate forme di pubblicità, la massima informazione e partecipazione degli interessati. La scelta dell'affittuario deve tenere conto, oltre che dell'ammontare del canone offerto, delle garanzie prestate e della attendibilità del piano di prosecuzione delle attività imprenditoriali, avuto riguardo alla conservazione dei livelli occupazionali.

III. Il contratto di affitto stipulato dal curatore nelle forme previste dall'articolo 2556 del codice civile deve prevedere il diritto del curatore di procedere alla ispezione della azienda, la prestazione di idonee garanzie per tutte le obbligazioni dell'affittuario derivanti dal contratto e dalla legge, il diritto di recesso del curatore dal contratto che può essere esercitato, sentito il comitato dei creditori, con la corresponsione all'affittuario di un giusto indennizzo da corrispondere ai sensi dell'articolo 111, primo comma, n. 1).

IV. La durata dell'affitto deve essere compatibile con le esigenze della liquidazione dei beni.

V. Il diritto di prelazione a favore dell'affittuario può essere concesso convenzionalmente, previa espressa autorizzazione del giudice delegato e previo parere favorevole del comitato dei creditori. In tale caso, esaurito il procedimento di determinazione del prezzo di vendita dell'azienda o del singolo ramo, il curatore, entro dieci giorni, lo comunica all'affittuario, il quale può esercitare il diritto di prelazione entro cinque giorni dal ricevimento della comunicazione.

VI. La retrocessione al fallimento di aziende, o rami di aziende, non comporta la responsabilità della procedura per i debiti maturati sino alla retrocessione, in deroga a quanto previsto dagli articoli 2112 e 2560 del codice civile. Ai rapporti pendenti al momento della retrocessione si applicano le disposizioni di cui alla sezione IV del Capo III del titolo II.

Art. 104-ter.

Programma di liquidazione.

I. Entro sessanta giorni dalla redazione dell'inventario, il curatore predispone un programma di liquidazione da sottoporre all'approvazione del comitato dei creditori.

II. Il programma costituisce l'atto di pianificazione e di indirizzo in ordine alle modalità e ai termini previsti per la realizzazione dell'attivo, e deve specificare:

a) l'opportunità di disporre l'esercizio provvisorio dell'impresa, o di singoli rami di azienda, ai sensi dell'articolo 104, ovvero l'opportunità di autorizzare l'affitto dell'azienda, o di rami, a terzi ai sensi dell'articolo 104 bis;

b) la sussistenza di proposte di concordato ed il loro contenuto;

c) le azioni risarcitorie, recuperatorie o revocatorie da esercitare ed il loro possibile esito;

d) le possibilità di cessione unitaria dell'azienda, di singoli rami, di beni o di rapporti giuridici individuabili in blocco;

e) le condizioni della vendita dei singoli cespiti.

III. Il curatore può essere autorizzato dal giudice delegato ad affidare ad altri professionisti alcune incombenze della procedura di liquidazione dell'attivo.

IV. Il comitato dei creditori può proporre al curatore modifiche al programma presentato.

V. Per sopravvenute esigenze, il curatore può presentare, con le modalità di cui ai commi primo, secondo e terzo, un supplemento del piano di liquidazione.

VI. Prima della approvazione del programma, il curatore può procedere alla liquidazione di beni, previa autorizzazione del giudice delegato, sentito il comitato dei creditori se già nominato, solo quando dal ritardo può derivare pregiudizio all'interesse dei creditori.

VII. Il curatore, previa autorizzazione del comitato dei creditori, può non acquisire all'attivo o rinunciare a liquidare uno o più beni, se l'attività di liquidazione appaia manifestamente non conveniente. In questo caso, il curatore ne dà comunicazione ai creditori i quali, in deroga a quanto previsto nell'articolo 51, possono iniziare azioni esecutive o cautelari sui beni rimessi nella disponibilità del debitore.

VIII. Il programma approvato è comunicato al giudice delegato che autorizza l'esecuzione degli atti a esso conformi.

Sezione II.

Della vendita dei beni

Art.105.

Vendita dell'azienda, di rami, di beni e rapporti in blocco.

I. La liquidazione dei singoli beni ai sensi degli articoli seguenti del presente capo è disposta quando risulta prevedibile che la vendita dell'intero complesso aziendale, di suoi rami, di beni o rapporti giuridici individuabili in blocco non consenta una maggiore soddisfazione dei creditori.

II. La vendita del complesso aziendale o di rami dello stesso è effettuata con le modalità di cui all'articolo 107, in conformità a quanto disposto dall'articolo 2556 del codice civile.

III. Nell'ambito delle consultazioni sindacali relative al trasferimento d'azienda, il curatore, l'acquirente e i rappresentanti dei lavoratori possono convenire il trasferimento solo parziale dei lavoratori alle dipendenze dell'acquirente e le ulteriori modifiche del rapporto di lavoro consentite dalle norme vigenti.

IV. Salva diversa convenzione, è esclusa la responsabilità dell'acquirente per i debiti relativi all'esercizio delle aziende cedute, sorti prima del trasferimento.

V. Il curatore può procedere altresì alla cessione delle attività e delle passività dell'azienda o dei suoi rami, nonché di beni o rapporti giuridici individuabili in blocco, esclusa comunque la responsabilità dell'alienante prevista dall'articolo 2560 del codice civile.

VI. La cessione dei crediti relativi alle aziende cedute, anche in mancanza di notifica al debitore o di sua accettazione, ha effetto, nei confronti dei terzi, dal momento dell'iscrizione del trasferimento nel registro delle imprese. Tuttavia il debitore ceduto è liberato se paga in buona fede al cedente.

VII. I privilegi e le garanzie di qualsiasi tipo, da chiunque prestate o comunque esistenti a favore del cedente, conservano la loro validità e il loro grado a favore del cessionario.

VIII. Il curatore può procedere alla liquidazione anche mediante il conferimento in una o più società, eventualmente di nuova costituzione, dell'azienda o di rami della stessa, ovvero di beni o crediti, con i relativi rapporti contrattuali in corso, esclusa la responsabilità dell'alienante ai sensi dell'articolo 2560 del codice civile ed osservate le disposizioni inderogabili contenute nella presente sezione. Sono salve le diverse disposizioni previste in leggi speciali.

IX. Il pagamento del prezzo può essere effettuato mediante accollo di debiti da parte dell'acquirente solo se non viene alterata la graduazione dei crediti.

Art. 106.

Cessione dei crediti, dei diritti e delle quote, delle azioni, mandato a riscuotere.

I. Il curatore può cedere i crediti, compresi quelli di natura fiscale o futuri, anche se oggetto di contestazione; può altresì cedere le azioni revocatorie concorsuali, se i relativi giudizi sono già pendenti.

II. Per la vendita della quota di società a responsabilità limitata si applica l'articolo 2471 del codice civile.

III. In alternativa alla cessione di cui al primo comma, il curatore può stipulare contratti di mandato per la riscossione dei crediti.

Art. 107.

Modalità delle vendite.

I. Le vendite e gli altri atti di liquidazione posti in essere in esecuzione del programma di liquidazione sono effettuati dal curatore tramite procedure competitive anche avvalendosi di soggetti specializzati, sulla base di stime effettuate, salvo il caso di beni di modesto valore, da parte di operatori esperti, assicurando, con adeguate forme di pubblicità, la massima informazione e partecipazione degli interessati.

II. Il curatore può prevedere nel programma di liquidazione che le vendite dei beni mobili, immobili e mobili registrati vengano effettuate dal giudice delegato secondo le disposizioni del codice di procedura civile in quanto compatibili.

III. Per i beni immobili e gli altri beni iscritti nei pubblici registri, prima del completamento delle operazioni di vendita, è data notizia mediante notificazione da parte del curatore, a ciascuno dei creditori ipotecari o comunque muniti di privilegio.

IV. Il curatore può sospendere la vendita ove pervenga offerta irrevocabile d'acquisto migliorativa per un importo non inferiore al dieci per cento del prezzo offerto.

V. Degli esiti delle procedure, il curatore informa il giudice delegato ed il comitato dei creditori, depositando in cancelleria la relativa documentazione.

VI. Se alla data di dichiarazione di fallimento sono pendenti procedure esecutive, il curatore può subentrarvi; in tale caso si applicano le disposizioni del codice di procedura civile; altrimenti su istanza del curatore il giudice dell'esecuzione dichiara l'improcedibilità dell'esecuzione, salvi i casi di deroga di cui all'articolo 51.

VII. Con regolamento del Ministro della giustizia, da adottare ai sensi dell'articolo 17, comma 3, della legge 23 agosto 1988, n. 400, sono stabiliti requisiti di onorabilità e professionalità dei soggetti specializzati e degli operatori esperti dei quali il curatore può avvalersi ai sensi del primo comma, nonché i mezzi di pubblicità e trasparenza delle operazioni di vendita.

Art. 108.

Poteri del giudice delegato.

I. Il giudice delegato, su istanza del fallito, del comitato dei creditori o di altri interessati, previo parere dello stesso comitato dei creditori, può sospendere, con decreto motivato, le operazioni di vendita, qualora ricorrano gravi e giustificati motivi ovvero, su istanza presentata dagli stessi soggetti entro dieci giorni dal deposito di cui al quarto comma dell'articolo 107, impedire il perfezionamento della vendita quando il prezzo offerto risulti notevolmente inferiore a quello giusto, tenuto conto delle condizioni di mercato.

II. Per i beni immobili e gli altri beni iscritti in pubblici registri, una volta eseguita la vendita e riscosso interamente il prezzo, il giudice delegato ordina, con decreto, la cancellazione delle iscrizioni relative ai diritti di prelazione, nonché delle trascrizioni dei pignoramenti e dei sequestri conservativi e di ogni altro vincolo.

Art. 108-bis

(Articolo abrogato dall'art. 7 del D. Lgs. 12 settembre 2007, n. 169. La modifica si applica ai procedimenti per dichiarazione di fallimento pendenti alla data del 1 gennaio 2008, nonché alle procedure concorsuali e di concordato aperte successivamente)

Art. 108-ter

Modalità della vendita di diritti sulle opera dell'ingegno; sulle invenzioni industriali; sui marchi.

Il trasferimento dei diritti di utilizzazione economica delle opere dell'ingegno, il trasferimento dei diritti nascenti delle invenzioni industriali, il trasferimento dei marchi e la cessione di banche di dati sono fatte a norma delle rispettive leggi speciali.

Art. 109.

Procedimento di distribuzione della somma ricavata.

I. Il giudice delegato provvede alla distribuzione della somma ricavata dalla vendita secondo le disposizioni del capo seguente.

II. Il tribunale stabilisce con decreto la somma da attribuire, se del caso, al curatore in conto del compenso finale da liquidarsi a norma dell'art. 39. Tale somma è prelevata sul prezzo insieme alle spese di procedura e di amministrazione.

CAPO VII

Della ripartizione dell'attivo

Art. 110.

Procedimento di ripartizione.

I. Il curatore, ogni quattro mesi a partire dalla data del decreto previsto dall'articolo 97 o nel diverso termine stabilito dal giudice delegato, presenta un prospetto delle somme disponibili ed un progetto di ripartizione delle medesime, riservate quelle occorrenti per la procedura. Nel progetto sono collocati anche i crediti per i quali non si applica il divieto di azioni esecutive e cautelari di cui all'articolo 51.

II. Il giudice ordina il deposito del progetto di ripartizione in cancelleria, disponendo che a tutti i creditori, compresi quelli per i quali e' in corso uno dei giudizi di cui all'articolo 98, ne sia data comunicazione mediante l'invio di copia a mezzo posta elettronica certificata. (1)

III. I creditori, entro il termine perentorio di quindici giorni dalla ricezione della comunicazione di cui al secondo comma, possono proporre reclamo al giudice delegato contro il progetto di riparto ai sensi dell'articolo 36.

IV. Decorso tale termine, il giudice delegato, su richiesta del curatore, dichiara esecutivo il progetto di ripartizione. Se sono proposti reclami, il progetto di ripartizione è dichiarato esecutivo con accantonamento delle somme corrispondenti ai crediti oggetto di contestazione. Il provvedimento che decide sul reclamo dispone in ordine alla destinazione delle somme accantonate.

Art. 111.

Ordine di distribuzione delle somme.

I. Le somme ricavate dalla liquidazione dell'attivo sono erogate nel seguente ordine:

1) per il pagamento dei crediti prededucibili;

2) per il pagamento dei crediti ammessi con prelazione sulle cose vendute secondo l'ordine assegnato dalla legge;

3) per il pagamento dei creditori chirografari, in proporzione dell'ammontare del credito per cui ciascuno di essi fu ammesso, compresi i creditori indicati al n. 2, qualora non sia stata ancora realizzata la garanzia, ovvero per la parte per cui rimasero non soddisfatti da questa.

II. Sono considerati crediti prededucibili quelli così qualificati da una specifica disposizione di legge, e quelli sorti in occasione o in funzione delle procedure concorsuali di cui alla presente legge; tali debiti sono soddisfatti con preferenza ai sensi del primo comma n. 1).

Art. 111-bis.

Disciplina dei crediti prededucibili.

I. I crediti prededucibili devono essere accertati con le modalità di cui al capo V, con esclusione di quelli non contestati per collocazione e ammontare, anche se sorti durante l'esercizio provvisorio, e di quelli sorti a seguito di provvedimenti di liquidazione di compensi dei soggetti nominati ai sensi dell'articolo 25; in questo ultimo caso, se contestati, devono essere accertati con il procedimento di cui all'articolo 26.

II. I crediti prededucibili vanno soddisfatti per il capitale, le spese e gli interessi con il ricavato della liquidazione del patrimonio mobiliare e immobiliare, tenuto conto delle rispettive cause di prelazione, con esclusione di quanto ricavato dalla liquidazione dei beni oggetto di pegno ed ipoteca per la parte destinata ai creditori garantiti. Il corso degli interessi cessa al momento del pagamento.

III. I crediti prededucibili sorti nel corso del fallimento che sono liquidi, esigibili e non contestati per collocazione e per ammontare, possono essere soddisfatti ai di fuori del procedimento di riparto se l'attivo è presumibilmente sufficiente a soddisfare tutti i titolari di tali crediti. Il pagamento deve essere autorizzato dal comitato dei creditori ovvero dal giudice delegato.

IV. Se l'attivo è insufficiente, la distribuzione deve avvenire secondo i criteri della graduazione e della proporzionalità, conformemente all'ordine assegnato dalla legge.

Art. 111-ter.

<u>Conti speciali.</u>

I. La massa liquida attiva immobiliare è costituita dalle somme ricavate dalla liquidazione dei beni immobili, come definiti dall'articolo 812 del codice civile, e dei loro frutti e pertinenze, nonché dalla quota proporzionale di interessi attivi liquidati sui depositi delle relative somme.

II. La massa liquida attiva mobiliare è costituita da tutte le altre entrate.

III. Il curatore deve tenere un conto autonomo delle vendite dei singoli beni immobili oggetto di privilegio speciale e di ipoteca e dei singoli beni mobili o gruppo di mobili oggetto di pegno e privilegio speciale, con analitica indicazione delle entrate e delle uscite di carattere specifico e della quota di quelle di carattere generale imputabili a ciascun bene o gruppo di beni secondo un criterio proporzionale.

Art. 111-quater.

Crediti assistiti da prelazione.

I. I crediti assistiti da privilegio generale hanno diritto di prelazione per il capitale, le spese e gli interessi, nei limiti di cui agli articoli 54 e 55, sul prezzo ricavato dalla liquidazione del patrimonio mobiliare, sul quale concorrono in un'unica graduatoria con i crediti garantiti da privilegio speciale mobiliare, secondo il grado previsto dalla legge.

II. I crediti garantiti da ipoteca e pegno e quelli assistiti da privilegio speciale hanno diritto di prelazione per il capitale, le spese e gli interessi, nei limiti di cui agli articoli 54 e 55, sul prezzo ricavato dai beni vincolati alla loro garanzia.

Art. 112.

Partecipazione dei creditori ammessi tardivamente.

I. I creditori ammessi a norma dell'articolo 101 concorrono soltanto alle ripartizioni posteriori alla loro ammissione in proporzione del rispettivo credito, salvo il diritto di prelevare le quote che sarebbero loro spettate nelle precedenti ripartizioni se assistiti da cause di prelazione o se il ritardo è dipeso da cause ad essi non imputabili.

Art. 113.

Ripartizioni parziali.

I. Nelle ripartizioni parziali, che non possono superare l'ottanta per cento delle somme da ripartire, devono essere trattenute e depositate, nei modi stabiliti dal giudice delegato, le quote assegnate:

1) ai creditori ammessi con riserva;

2) ai creditori opponenti a favore dei quali sono state disposte misure cautelari;

3) ai creditori opponenti la cui domanda è stata accolta ma la sentenza non è passata in giudicato;

4) ai creditori nei cui confronti sono stati proposti i giudizi di impugnazione e di revocazione.

II. Le somme ritenute necessarie per spese future, per soddisfare il compenso al curatore e ogni altro debito prededucibile devono essere trattenute; in questo caso, l'ammontare della quota da ripartire indicata nel primo comma del presente articolo deve essere ridotta se la misura dell'ottanta per cento appare insufficiente.

III. Devono essere altresì trattenute e depositate nei modi stabiliti dal giudice delegato le somme ricevute dalla procedura per effetto di provvedimenti provvisoriamente esecutivi e non ancora passati in giudicato.

Art. 113-bis.

Scioglimento delle ammissioni conriserva.

I. Quando si verifica l'evento che ha determinato l'accoglimento di una domanda con riserva, su istanza del curatore o della parte interessata, il giudice delegato modifica lo stato passivo, con decreto, disponendo che la domanda deve intendersi accolta definitivamente.

Art. 114.

Restituzione di somme riscosse.

I. I pagamenti effettuati in esecuzione dei piani di riparto non possono essere ripetuti, salvo il caso dell'accoglimento di domande di revocazione.

II. I creditori che hanno percepito pagamenti non dovuti, devono restituire le somme riscosse, oltre agli interessi legali dal momento del pagamento effettuato a loro favore.

Art. 115.

Pagamento ai creditori.

I. Il curatore provvede al pagamento delle somme assegnate ai creditori nel piano di ripartizione nei modi stabiliti dal giudice delegato, purché tali da assicurare la prova del pagamento stesso.

II. Se prima della ripartizione i crediti ammessi sono stati ceduti, il curatore attribuisce le quote di riparto ai cessionari, qualora la cessione sia stata tempestivamente comunicata, unitamente alla documentazione che attesti, con atto recante le sottoscrizioni autenticate di cedente e cessionario, l'intervenuta cessione. In questo caso, il curatore provvede alla rettifica formale dello stato passivo. Le stesse disposizioni si applicano in caso di surrogazione del creditore.

Art.116.

Rendiconto del curatore.

I. Compiuta la liquidazione dell'attivo e prima del riparto finale, nonché in ogni caso in cui cessa dalle funzioni, il curatore presenta al giudice delegato l'esposizione analitica delle operazioni contabili e della attività di gestione della procedura.

II. Il giudice ordina il deposito del conto in cancelleria e fissa l'udienza [...] che non puo' essere tenuta prima che siano decorsi quindici giorni dalla comunicazione del rendiconto a tutti i creditori.

III. Dell'avvenuto deposito e della fissazione dell'udienza il curatore da' immediata comunicazione ai creditori ammessi al passivo, a coloro che hanno proposto opposizione, ai creditori in prededuzione non soddisfatti, con posta elettronica certificata, inviando loro copia del rendiconto ed avvisandoli che possono presentare eventuali osservazioni o contestazioni fino a cinque giorni prima dell'udienza con le modalita' di cui all'articolo 93, secondo comma. Al fallito, se non e' possibile procedere alla comunicazione con modalita' telematica, il rendiconto e la data dell'udienza sono comunicati mediante lettera raccomandata con avviso di ricevimento.

IV. Se all'udienza stabilita non sorgono contestazioni o su queste viene raggiunto un accordo, il giudice approva il conto con decreto; altrimenti, fissa l'udienza innanzi al collegio che provvede in camera di consiglio.

Art. 117.

Ripartizione finale.

I. Approvato il conto e liquidato il compenso del curatore, il giudice delegato, sentite le proposte del curatore, ordina il riparto finale secondo le norme precedenti.

II. Nel riparto finale vengono distribuiti anche gli accantonamenti precedentemente fatti. Tuttavia, se la condizione non si è ancora verificata ovvero se il provvedimento non è ancora passato in giudicato, la somma è depositata nei modi stabiliti dal giudice delegato, perché, verificatisi gli eventi indicati, possa essere versata ai creditori cui spetta o fatta oggetto di riparto supplementare fra gli altri creditori. Gli accantonamenti non impediscono la chiusura della procedura.

III. Il giudice delegato, nel rispetto delle cause di prelazione, può disporre che a singoli creditori che vi consentono siano assegnati, in luogo delle somme agli stessi spettanti, crediti di imposta del fallito non ancora rimborsati.

IV. Per i creditori che non si presentano o sono irreperibili le somme dovute sono nuovamente depositate presso l'ufficio postale o la banca già indicati ai sensi dell'articolo 34. Decorsi cinque anni dal deposito, le somme non riscosse dagli aventi diritto e i relativi interessi, se non richieste da altri creditori, rimasti insoddisfatti, sono versate a cura del depositario all'entrata del bilancio dello Stato per essere riassegnate, con decreti del Ministro dell'economia e delle finanze, ad apposita unità previsionale di base dello stato di previsione del Ministero della giustizia.

V. Il giudice, anche se è intervenuta l'esdebitazione del fallito, omessa ogni formalità non essenziale al contraddittorio, su ricorso dei creditori rimasti insoddisfatti che abbiano presentato la richiesta di cui al quarto comma, dispone la distribuzione delle somme non riscosse in base all'articolo 111 fra i soli richiedenti.

CAPO VIII

Della cessazione della procedura fallimentare

Sezione I.

Della chiusura del fallimento

Art. 118.

Casi di chiusura.

I. Salvo quanto disposto nella sezione seguente per il caso di concordato, la procedura di fallimento si chiude:

1) se nel termine stabilito nella sentenza dichiarativa di fallimento non sono state proposte domande di ammissione al passivo;

2) quando, anche prima che sia compiuta la ripartizione finale dell'attivo, le ripartizioni ai creditori raggiungono l'intero ammontare dei crediti ammessi, o questi sono in altro modo estinti e sono pagati tutti i debiti e le spese da soddisfare in prededuzione;

3) quando è compiuta la ripartizione finale dell'attivo;

4) quando nel corso della procedura si accerta che la sua prosecuzione non consente di soddisfare, neppure in parte, i creditori concorsuali, né i crediti prededucibili e le spese di procedura. Tale circostanza può essere, accertata con la relazione o con i successivi rapporti riepilogativi di cui all'articolo 33.

II. Nei casi di chiusura di cui ai numeri 3 e 4), ove si tratti di fallimento di società il curatore ne chiede la cancellazione dal registro delle imprese. La chiusura della procedura di fallimento della società nei casi di cui ai numeri 1) e 2) determina anche la chiusura della procedura estesa ai soci ai sensi dell'articolo 147, salvo che nei confronti del socio non sia stata aperta una procedura di fallimento come imprenditore individuale.

Art. 119.

Decreto di chiusura.

I. La chiusura del fallimento è dichiarata con decreto motivato del tribunale su istanza del curatore o del debitore ovvero di ufficio, pubblicato nelle forme prescritte nell'art. 17.

II. Quando la chiusura del fallimento è dichiarata ai sensi dell'articolo 118, primo comma, n. 4), prima dell'approvazione del programma di liquidazione, il tribunale decide sentiti il comitato dei creditori ed il fallito.

III. Contro il decreto che dichiara la chiusura o ne respinge la richiesta è ammesso reclamo a norma dell'articolo 26. Contro il decreto della corte d'appello il ricorso per cassazione è proposto nel termine perentorio di trenta giorni, decorrente dalla notificazione o comunicazione del provvedimento per il curatore, per il fallito, per il comitato dei creditori e per chi ha proposto il reclamo o è intervenuto nel procedimento; dal compimento della pubblicità di cui all'articolo 17 per ogni altro interessato.

IV. Il decreto di chiusura acquista efficacia quando è decorso il termine per il reclamo, senza che questo sia stato proposto, ovvero quando il reclamo è definitivamente rigettato.

V. Con i decreti emessi ai sensi del primo e del terzo comma del presente articolo, sono impartite le disposizioni esecutive volte ad attuare gli effetti della decisione. Allo stesso modo si provvede a seguito del passaggio in giudicato della sentenza di revoca del fallimento o della definitività del decreto di omologazione del concordato fallimentare.

Art. 120.

Effetti della chiusura.

I. Con la chiusura cessano gli effetti del fallimento sul patrimonio del fallito e le conseguenti incapacità personali e decadono gli organi preposti al fallimento.

II. Le azioni esperite dal curatore per l'esercizio di diritti derivanti dal fallimento non possono essere proseguite.

III. I creditori riacquistano il libero esercizio delle azioni verso il debitore per la parte non soddisfatta dei loro crediti per capitale e interessi, salvo quanto previsto dagli articoli 142 e seguenti.

IV. Il decreto o la sentenza con la quale il credito è stato ammesso al passivo costituisce prova scritta per gli effetti di cui all'articolo 634 del codice di procedura civile.

Art. 121.

Casi di riapertura del fallimento.

I. Nei casi preveduti dai nn. 3 e 4 dell'articolo 118, il tribunale, entro cinque anni dal decreto di chiusura, su istanza del debitore o di qualunque creditore, può ordinare che il Fallimento già chiuso sia riaperto, quando risulta che nel patrimonio del fallito esistano attività in misura tale da rendere utile il provvedimento o quando il fallito offre garanzia di pagare almeno il dieci per cento ai creditori vecchi e nuovi.

II. Il tribunale, con sentenza in camera di consiglio, se accoglie l'istanza:

1) richiama in ufficio il giudice delegato ed il curatore o li nomina di nuovo;

2) stabilisce i termini previsti dai numeri 4) e 5) del secondo comma dell'articolo 16, eventualmente abbreviandoli non oltre la metà; i creditori già ammessi al passivo nel fallimento chiuso possono chiedere la conferma del provvedimento di ammissione salvo che intendano insinuare al passivo ulteriori interessi.

III. La sentenza può essere reclamata a norma dell'art. 18.

IV. La sentenza è pubblicata a norma dell'art. 17.

V. Il giudice delegato nomina il comitato dei creditori, tenendo conto nella scelta anche dei nuovi creditori.

VI. Per le altre operazioni si seguono le norme stabilite nei capi precedenti.

Art. 122.

Concorso dei vecchi e nuovi creditori.

I. I creditori concorrono alle nuove ripartizioni per le somme loro dovute al momento della riapertura, dedotto quanto hanno percepito nelle precedenti ripartizioni, salve in ogni caso le cause legittime di prelazione.

II. Restano ferme le precedenti statuizioni a norma del Capo V.

Art. 123.

Effetti della riapertura sugli atti pregiudizievoli ai creditori.

I. In caso di riapertura del fallimento, per le azioni revocatorie relative agli atti del fallito, compiuti dopo la chiusura del fallimento, i termini stabiliti dagli artt. 65, 67 e 67-bis sono computati dalla data della sentenza di riapertura. (1)

II. Sono privi di effetto nei confronti dei creditori gli atti a titolo gratuito e quelli di cui all'articolo 69, posteriori alla chiusura e anteriori alla riapertura del fallimento.Sezione II.

Del concordato

Art. 124.

Proposta di concordato.

I. La proposta di concordato può essere presentata da uno o più creditori o da un terzo, anche prima del decreto che rende esecutivo lo stato passivo, purché sia stata tenuta la contabilità ed i dati risultanti da essa e le altre notizie disponibili consentano al curatore di predisporre un elenco provvisorio dei creditori del fallito da sottoporre all'approvazione del giudice delegato. Essa non può essere presentata dal fallito, da società cui egli partecipi o da società sottoposte a comune controllo, se non dopo il decorso di un anno dalla dichiarazione di fallimento e purché non siano decorsi due anni dal decreto che rende esecutivo lo stato passivo.

II. La proposta può prevedere:

a) la suddivisione dei creditori in classi, secondo posizione giuridica ed interessi economici omogenei;

b) trattamenti differenziati fra creditori appartenenti a classi diverse, indicando le ragioni dei trattamenti differenziati dei medesimi;

c) la ristrutturazione dei debiti e la soddisfazione dei crediti attraverso qualsiasi forma, anche mediante cessione dei beni, accollo o altre operazioni straordinarie, ivi compresa l'attribuzione ai creditori, nonché a società da questi partecipate, di azioni, quote ovvero obbligazioni, anche convertibili in azioni o altri strumenti finanziari e titoli di debito.

III. La proposta può prevedere che i creditori muniti di privilegio, pegno o ipoteca, non vengano soddisfatti integralmente, purchè il piano ne preveda la soddisfazione in misura non inferiore a quella realizzabile, in ragione della collocazione preferenziale, sul ricavato in caso di liquidazione, avuto riguardo al valore di mercato attribuibile ai beni o diritti sui quali sussiste la causa di prelazione indicato nella relazione giurata di un professionista in possesso dei requisiti di cui all'art. 67, terzo comma, lett. d) designato dal tribunale. Il trattamento stabilito per ciascuna classe non può avere l'effetto di alterare l'ordine delle cause legittime di prelazione.

IV. La proposta presentata da uno o più creditori o da un terzo può prevedere la cessione, oltre che dei beni compresi nell'attivo fallimentare, anche delle azioni di pertinenza della massa, purché autorizzate dal giudice delegato, con specifica indicazione dell'oggetto e del fondamento della pretesa. Il proponente può limitare gli impegni assunti con il concordato ai soli creditori ammessi al passivo, anche provvisoriamente, e a quelli che hanno proposto opposizione allo stato passivo o domanda di ammissione tardiva al tempo della proposta. In tale caso, verso gli altri creditori continua a rispondere il fallito, fermo quanto disposto dagli articoli 142 e seguenti in caso di esdebitazione.

Art. 125.

Esame della proposta e comunicazione ai creditori.

I. La proposta di concordato è presentata con ricorso al giudice delegato, il quale chiede il parere del curatore, con specifico riferimento ai presumibili risultati della liquidazione ed alle garanzie offerte. Quando il ricorso e' proposto da un terzo, esso deve contenere l'indicazione dell'indirizzo di posta elettronica certificata al quale ricevere le comunicazioni. Si applica l'articolo 31-bis, secondo comma.(1)

II. Una volta espletato tale adempimento preliminare il giudice delegato, acquisito il parere favorevole del comitato dei creditori, valutata la ritualita' della proposta, ordina che la stessa, unitamente al parere del comitato dei creditori e del curatore, venga comunicata a cura di quest'ultimo ai creditori a mezzo posta elettronica certificata, specificando dove possono essere reperiti i dati per la sua valutazione ed informandoli che la mancata risposta sara' considerata come voto favorevole. (2) Nel medesimo provvedimento il giudice delegato fissa un termine non inferiore a venti giorni né superiore a trenta, entro il quale i creditori devono far pervenire nella cancelleria del tribunale eventuali dichiarazioni di dissenso. In caso di presentazione di più proposte o se comunque ne sopraggiunge una nuova, prima che il giudice delegato ordini la comunicazione, il comitato dei creditori sceglie quella da sottoporre all'approvazione dei creditori; su richiesta del curatore, il giudice delegato può ordinare la comunicazione ai creditori di una o altre proposte, tra quelle non scelte, ritenute parimenti convenienti. Si applica l'articolo 41, quarto comma.

III. Qualora la proposta contenga condizioni differenziate per singole classi di creditori essa, prima di essere comunicata ai creditori, deve essere sottoposta, con i pareri di cui al primo e secondo comma, al giudizio del tribunale che verifica il corretto utilizzo dei criteri di cui all'articolo 124, secondo comma, lettere a) e b) tenendo conto della relazione resa ai sensi dell'articolo 124, terzo comma.

IV. Se la società fallita ha emesso obbligazioni o strumenti finanziari oggetto della proposta di concordato, la comunicazione è inviata agli organi che hanno il potere di convocare le rispettive assemblee, affinché possano esprimere il loro eventuale dissenso. Il termine previsto dal terzo comma è prolungato per consentire l'espletamento delle predette assemblee.

Art. 126.

Concordato nel caso di numerosi creditori.

I. Ove le comunicazioni siano dirette ad un rilevante numero di destinatari, il giudice delegato può autorizzare il curatore a dare notizia della proposta di concordato, anziché con comunicazione ai singoli creditori, mediante pubblicazione del testo integrale della medesima su uno o più quotidiani a diffusione nazionale o locale.

Art. 127.

<u>Voto nel concordato.</u>

I. Se la proposta è presentata prima che lo stato passivo venga reso esecutivo, hanno diritto al voto i creditori che risultano dall'elenco provvisorio predisposto dal curatore e approvato dal giudice delegato; altrimenti, gli aventi diritto al voto sono quelli indicati nello stato passivo reso esecutivo ai sensi dell'articolo 97. In quest'ultimo caso, hanno diritto al voto anche i creditori ammessi provvisoriamente e con riserva.

II. I creditori muniti di privilegio, pegno o ipoteca, ancorché la garanzia sia contestata, dei quali la proposta di concordato prevede l'integrale pagamento, non hanno diritto al voto se non rinunciano al diritto di prelazione, salvo quanto previsto dal terzo comma. La rinuncia può essere anche parziale, purché non inferiore alla terza parte dell'intero credito fra capitale ed accessori.

III. Qualora i creditori muniti di privilegio, pegno o ipoteca rinuncino in tutto o in parte alla prelazione, per la parte del credito non coperta dalla garanzia sono assimilati ai creditori chirografari; la rinuncia ha effetto ai soli fini del concordato.

IV. I creditori muniti di diritto di prelazione di cui la proposta di concordato prevede, ai sensi dell'articolo 124, terzo comma, la soddisfazione non integrale, sono considerati chirografari per la parte residua del credito.

V. Sono esclusi dal voto e dal computo delle maggioranze il coniuge del debitore, i suoi parenti ed affini fino al quarto grado e coloro che sono diventati cessionari o aggiudicatari dei crediti di dette persone da meno di un anno prima della dichiarazione di fallimento.

VI. La stessa disciplina si applica ai crediti delle società controllanti o controllate o sottoposte a comune controllo.

VII. I trasferimenti di crediti avvenuti dopo la dichiarazione di fallimento non attribuiscono diritto di voto, salvo che siano effettuati a favore di banche o altri intermediari finanziari.

Art. 128.

<u>Approvazione del concordato.</u>

I. Il concordato è approvato dai creditori che rappresentano la maggioranza dei crediti ammessi al voto. Ove siano previste diverse classi di creditori, il concordato è approvato se tale maggioranza si verifica inoltre nel maggior numero di classi.

II. I creditori che non fanno pervenire il loro dissenso nel termine fissato dal giudice delegato si ritengono consenzienti.

III. La variazione del numero dei creditori ammessi o dell'ammontare dei singoli crediti, che avvenga per effetto di un provvedimento emesso successivamente alla scadenza del termine fissato dal giudice delegato per le votazioni, non influisce sul calcolo della maggioranza.

IV. Quando il giudice delegato dispone il voto su più proposte di concordato ai sensi dell'articolo 125, secondo comma, terzo periodo, ultima parte, si considera approvata quella tra esse che ha conseguito il maggior numero di consensi a norma dei commi precedenti e, in caso di parità, la proposta presentata per prima.

Art. 129.

Giudizio di omologazione.

I. Decorso il termine stabilito per le votazioni, il curatore presenta al giudice delegato una relazione sul loro esito.

II. Se la proposta e' stata approvata, il giudice delegato dispone che il curatore ne dia immediata comunicazione a mezzo posta elettronica certificata al proponente, affinche' richieda l'omologazione del concordato e ai creditori dissenzienti. Al fallito, se non e' possibile procedere alla comunicazione con modalita' telematica, la notizia dell'approvazione e' comunicata mediante lettera raccomandata con avviso di ricevimento. Con decreto da pubblicarsi a norma dell'articolo 17, fissa un termine non inferiore a quindici giorni e non superiore a trenta giorni per la proposizione di eventuali opposizioni, anche da parte di qualsiasi altro interessato, e per il deposito da parte del comitato dei creditori di una relazione motivata col suo parere definitivo. Se il comitato dei creditori non provvede nel termine, la relazione e' redatta e depositata dal curatore nei sette giorni successivi. (1)

III. L'opposizione e la richiesta di omologazione si propongono con ricorso a norma dell'articolo 26.

IV. Se nel termine fissato non vengono proposte opposizioni, il tribunale, verificata la regolarità della procedura e l'esito della votazione, omologa il concordato con decreto motivato non soggetto a gravame.

V. Se sono state proposte opposizioni, il Tribunale assume i mezzi istruttori richiesti dalle parti o disposti di ufficio, anche delegando uno dei componenti del collegio. Nell'ipotesi di cui al secondo periodo del primo comma dell'articolo 128, se un creditore appartenente ad una classe dissenziente contesta la convenienza della proposta, il tribunale può omologare il concordato qualora ritenga che il credito possa risultare soddisfatto dal concordato in misura non inferiore rispetto alle alternative concretamente praticabili.

VI. Il tribunale provvede con decreto motivato pubblicato a norma dell'articolo 17.

Art. 130.

Efficacia del decreto.

I. La proposta di concordato diventa efficace dal momento in cui scadono i termini per opporsi all'omologazione, o dal momento in cui si esauriscono le impugnazioni previste dall'articolo 129.

II. Quando il decreto di omologazione diventa definitivo, il curatore rende conto della gestione ai sensi dell'articolo 116 ed il tribunale dichiara chiuso il fallimento.

Art. 131.

Reclamo.

I. Il decreto del tribunale è reclamabile dinanzi alla corte di appello che pronuncia in camera di consiglio.

II. Il reclamo è proposto con ricorso da depositarsi nella cancelleria della corte d'appello nel termine perentorio di trenta giorni dalla notificazione del decreto fatta dalla cancelleria del tribunale.

III. Esso deve contenere i requisiti prescritti dall'articolo 18, secondo comma, numeri 1), 2), 3) e 4).

IV. Il presidente, nei cinque giorni successivi al deposito del ricorso, designa il relatore, e fissa con decreto l'udienza di comparizione entro sessanta giorni dal deposito del ricorso.

V. Il ricorso, unitamente al decreto di fissazione dell'udienza, deve essere notificato, a cura del reclamante, entro dieci giorni dalla comunicazione del decreto, al curatore e alle altre parti, che si identificano, se non sono reclamanti, nel fallito, nel proponente e negli opponenti.

VI. Tra la data della notificazione e quella dell'udienza deve intercorrere un termine non minore di trenta giorni.

VII. Le parti resistenti devono costituirsi almeno dieci giorni prima della udienza, eleggendo il domicilio nel comune in cui ha sede la corte d'appello.

VIII. La costituzione si effettua mediante il deposito in cancelleria di una memoria contenente l'esposizione delle difese in fatto e in diritto, nonché l'indicazione dei mezzi di prova e dei documenti prodotti.

IX. L'intervento di qualunque interessato non può aver luogo oltre il termine stabilito per la costituzione delle parti resistenti, con le modalità per queste previste.

X. All'udienza, il collegio, sentite le parti, assume, anche d'ufficio, i mezzi di prova, eventualmente delegando un suo componente.

XI. La corte provvede con decreto motivato.

XII. Il decreto è pubblicato a norma dell'articolo 17 e notificato alle parti, a cura della cancelleria, ed è impugnabile con ricorso per cassazione entro trenta giorni dalla notificazione.

Art. 132-134

(Articoli abrogati dall'art. 122 del D. Lgs. 9 gennaio 2006, n. 5. La modifica è entrata in vigore il 16 luglio 2006)

Art. 135.

Effetti del concordato.

I. Il concordato è obbligatorio per tutti i creditori anteriori alla apertura del fallimento, compresi quelli che non hanno presentato domanda di ammissione al passivo. A questi però non si estendono le garanzie date nel concordato da terzi.

II. I creditori conservano la loro azione per l'intero credito contro i coobbligati, i fideiussori del fallito e gli obbligati in via di regresso.

Art. 136.

Esecuzione del concordato.

I. Dopo la omologazione del concordato il giudice delegato, il curatore e il comitato dei creditori ne sorvegliano l'adempimento, secondo le modalità stabilite nel decreto di omologazione.

II. Le somme spettanti ai creditori contestati, condizionali o irreperibili sono depositate nei modi stabiliti dal giudice delegato.

III. Accertata la completa esecuzione del concordato, il giudice delegato ordina lo svincolo delle cauzioni e la cancellazione delle ipoteche iscritte a garanzia e adotta ogni misura idonea per il conseguimento delle finalità del concordato.

IV. Il provvedimento è pubblicato ed affisso ai sensi dell'art. 17. Le spese sono a carico del debitore.

Art. 137.

Risoluzione del concordato.

I. Se le garanzie promesse non vengono costituite o se il proponente non adempie regolarmente gli obblighi derivanti dal concordato, ciascun creditore può chiederne la risoluzione.

II. Si applicano le disposizioni dell'articolo 15 in quanto compatibili.

III. Al procedimento è chiamato a partecipare anche l'eventuale garante.

IV. La sentenza che risolve il concordato riapre la procedura di fallimento ed è provvisoriamente esecutiva.

V. La sentenza è reclamabile ai sensi dell'articolo 18.

VI. Il ricorso per la risoluzione deve proporsi entro un anno dalla scadenza del termine fissato per l'ultimo adempimento previsto nel concordato.

VII. Le disposizioni di questo articolo non si applicano quando gli obblighi derivanti dal concordato sono stati assunti dal proponente o da uno o più creditori con liberazione immediata del debitore.

VIII. Non possono proporre istanza di risoluzione i creditori del fallito verso cui il terzo, ai sensi dell'articolo 124, non abbia assunto responsabilità per effetto del concordato.

Art. 138.

Annullamento del concordato.

I. Il concordato omologato può essere annullato dal tribunale, su istanza del curatore o di qualunque creditore, in contraddittorio con il debitore, quando si scopre che è stato dolosamente esagerato il passivo, ovvero sottratta o dissimulata una parte rilevante dell'attivo.

Non è ammessa alcuna altra azione di nullità. Si procede a norma dell'articolo 137.

II. La sentenza che annulla il concordato riapre la procedura di fallimento ed è provvisoriamente esecutiva. Essa è reclamabile ai sensi dell'articolo 18.

III. Il ricorso per l'annullamento deve proporsi nel termine di sei mesi dalla scoperta del dolo e, in ogni caso, non oltre due anni dalla scadenza del termine fissato per l'ultimo adempimento previsto nel concordato.

Art. 139.

<u>Provvedimenti conseguenti alla riapertura.</u>

I. La sentenza che riapre la procedura a norma degli articoli 137 e 138 provvede ai sensi dell'articolo 121.

Art. 140.

<u>Effetti della riapertura.</u>

I. Gli effetti della riapertura sono regolati dagli articoli 122 e 123.

II. Possono essere riproposte le azioni revocatorie già iniziate e interrotte per effetto del concordato.

III. I creditori anteriori conservano le garanzie per le somme tuttora ad essi dovute in base al concordato risolto o annullato e non sono tenuti a restituire quanto hanno già riscosso.

IV. Essi concorrono per l'importo del primitivo credito, detratta la parte riscossa in parziale esecuzione del concordato.

Art. 141.

<u>Nuova proposta di concordato.</u>

I. Reso esecutivo il nuovo stato passivo, il proponente è ammesso a presentare una nuova proposta di concordato. Questo non può tuttavia essere omologato se prima dell'udienza a ciò destinata non sono depositate, nei modi stabiliti del giudice delegato, le somme occorrenti per il suo integrale adempimento o non sono prestate garanzie equivalenti.

CAPO IX

Della esdebitazione

Art. 142.

<u>Esdebitazione.</u>

I. Il fallito persona fisica è ammesso al beneficio della liberazione dai debiti residui nei confronti dei creditori concorsuali non soddisfatti a condizione che:

1) abbia cooperato con gli organi della procedura, fornendo tutte le informazioni e la documentazione utile all'accertamento del passivo e adoperandosi per il proficuo svolgimento delle operazioni;

2) non abbia in alcun modo ritardato o contribuito a ritardare lo svolgimento della procedura;

3) non abbia violato le disposizioni di cui all'articolo 48;

4) non abbia beneficiato di altra esdebitazione nei dieci anni precedenti la richiesta;

5) non abbia distratto l'attivo o esposto passività insussistenti, cagionato o aggravato il dissesto rendendo gravemente difficoltosa la ricostruzione del patrimonio e del movimento degli affari o fatto ricorso abusivo al credito;

6) non sia stato condannato con sentenza passata in giudicato per bancarotta fraudolenta o per delitti contro l'economia pubblica, l'industria e il commercio, e altri delitti compiuti in connessione con l'esercizio dell'attività d'impresa, salvo che per tali reati sia intervenuta la riabilitazione. Se è in corso il procedimento penale per uno di tali reati, il tribunale sospende il procedimento fino all'esito di quello penale.

II. L'esdebitazione non può essere concessa qualora non siano stati soddisfatti, neppure in parte, i creditori concorsuali.

III. Restano esclusi dall'esdebitazione:

a) gli obblighi di mantenimento e alimentari e comunque le obbligazioni derivanti da rapporti estranei all'esercizio dell'impresa;

b) i debiti per il risarcimento dei danni da fatto illecito extracontrattuale nonchè le sanzioni penali ed amministrative di carattere pecuniario che non siano accessorie a debiti estinti.

IV. Sono salvi i diritti vantati dai creditori nei confronti di coobbligati, dei fideiussori del debitore e degli obbligati in via di regresso.

Art. 143.

Procedimento di esdebitazione.

I. Il tribunale, con il decreto di chiusura del fallimento o su ricorso del debitore presentato entro l'anno successivo, verificate le condizioni di cui all'articolo 142 e tenuto altresì conto dei comportamenti collaborativi del medesimo, sentito il curatore ed il comitato dei creditori, dichiara inesigibili nei confronti del debitore già dichiarato fallito i debiti concorsuali non soddisfatti integralmente. Il ricorso e il decreto del tribunale sono comunicati dal curatore ai creditori a mezzo posta elettronica certificata.

II. Contro il decreto che provvede sul ricorso, il debitore, i creditori non integralmente soddisfatti, il pubblico ministero e qualunque interessato possono proporre reclamo a norma dell'articolo 26.

Art. 144.

Esdebitazione per i crediti concorsuali non concorrenti.

I. Il decreto di accoglimento della domanda di esdebitazione produce effetti anche nei confronti dei creditori anteriori alla apertura della procedura di liquidazione che non hanno presentato la domanda di ammissione al passivo; in tale caso, l'esdebitazione opera per la sola eccedenza alla percentuale attribuita nel concorso ai creditori di pari grado.

Art. 145

(Articolo abrogato dall'art. 129 del D. Lgs. 9 gennaio 2006, n. 5. Le disposizioni del presente capo IX "della esdebitazione" si applicano anche alle procedure di fallimento pendenti alla data del 16 luglio 2006 (art. 19 D. Lgs. 12 settembre 2007, n. 169)

CAPO X

Del fallimento delle società

Art. 146.

<u>Amministratori, direttori generali, componenti degli organi di controllo, liquidatori e soci di società a responsabilità limitata.</u>

I. Gli amministratori e i liquidatori della società sono tenuti agli obblighi imposti al fallito dall'articolo 49. Essi devono essere sentiti in tutti i casi in cui la legge richiede che sia sentito il fallito.

II. Sono esercitate dal curatore previa autorizzazione del giudice delegato, sentito il comitato dei creditori:

a) le azioni di responsabilità contro gli amministratori, i componenti degli organi di controllo, i direttori generali e i liquidatori;

b) l'azione di responsabilità contro i soci della società a responsabilità limitata, nei casi previsti dall'articolo 2476, comma settimo, del codice civile.

Art. 147.

<u>Società con soci a responsabilità illimitata.</u>

I. La sentenza che dichiara il fallimento di una società appartenente ad uno dei tipi regolati nei capi III, IV e VI del titolo V del libro quinto del codice civile, produce anche il fallimento dei soci, pur se non persone fisiche, illimitatamente responsabili.

II. Il fallimento dei soci di cui al comma primo non può essere dichiarato decorso un anno dallo scioglimento del rapporto sociale o dalla cessazione della responsabilità illimitata anche in caso di trasformazione, fusione o scissione, se sono state osservate le formalità per rendere noti ai terzi i fatti indicati. La dichiarazione di fallimento è possibile solo se l'insolvenza della società attenga, in tutto o in parte, a debiti esistenti alla data della cessazione della responsabilità illimitata.

III. Il tribunale, prima di dichiarare il fallimento dei soci illimitatamente responsabili, deve disporne la convocazione a norma dell'articolo 15.

IV. Se dopo la dichiarazione di fallimento della società risulta l'esistenza di altri soci illimitatamente responsabili, il tribunale, su istanza del curatore, di un creditore, di un socio fallito, dichiara il fallimento dei medesimi.

V. Allo stesso modo si procede, qualora dopo la dichiarazione di fallimento di un imprenditore individuale risulti che l'impresa è riferibile ad una società di cui il fallito è socio illimitatamente responsabile.

VI. Contro la sentenza del tribunale è ammesso reclamo a norma dell'articolo 18.

VII. In caso di rigetto della domanda, contro il decreto del tribunale l'istante può proporre reclamo alla corte d'appello a norma dell'articolo 22.

Art. 148.

Fallimento della società e dei soci.

I. Nei casi previsti dall'articolo 147, il tribunale nomina, sia per il fallimento della società, sia per quello dei soci un solo giudice delegato e un solo curatore, pur rimanendo distinte le diverse procedure. Possono essere nominati più comitati dei creditori.

II. Il patrimonio della società e quello dei singoli soci sono tenuti distinti.

III. Il credito dichiarato dai creditori sociali nel fallimento della società si intende dichiarato per l'intero e con il medesimo eventuale privilegio generale anche nel fallimento dei singoli soci. Il creditore sociale ha diritto di partecipare a tutte le ripartizioni fino all'integrale pagamento, salvo il regresso fra i fallimenti dei soci per la parte pagata in più della quota rispettiva.

IV. I creditori particolari partecipano soltanto al fallimento dei soci loro debitori.

V. Ciascun creditore può contestare i crediti dei creditori con i quali si trova in concorso.

Art. 149.

Fallimento dei soci.

I. Il fallimento di uno o più soci illimitatamente responsabili non produce il fallimento della società.

Art. 150.

<u>Versamenti dei soci a responsabilità limitata.</u>

I. Nei fallimenti delle società con soci a responsabilità limitata il giudice delegato può, su proposta del curatore, ingiungere con decreto ai soci a responsabilità limitata e ai precedenti titolari delle quote o delle azioni di eseguire i versamenti ancora dovuti, quantunque non sia scaduto il termine stabilito per il pagamento.

II. Contro il decreto emesso a norma del primo comma può essere proposta opposizione ai sensi dell'articolo 645 del codice di procedura civile.

Art. 151.

<u>Fallimento di società a responsabilità limitata: polizza assicurativa e fideiussione bancaria.</u>

I. Nei fallimenti di società a responsabilità limitata il giudice, ricorrendone i presupposti, può autorizzare il curatore ad escutere la polizza assicurativa o la fideiussione bancaria rilasciata ai sensi dell'articolo 2464, quarto e sesto comma, del codice civile.

Art. 152.

<u>Proposta di concordato.</u>

I. La proposta di concordato per la società fallita è sottoscritta da coloro che ne hanno la rappresentanza sociale.

II. La proposta e le condizioni del concordato, salva diversa disposizione dell'atto costitutivo o dello statuto:

a) nelle società di persone, sono approvate dai soci che rappresentano la maggioranza assoluta del capitale;

b) nelle società per azioni, in accomandita per azioni e a responsabilità limitata, nonché nelle società cooperative, sono deliberate dagli amministratori.

III. In ogni caso, la decisione o la deliberazione di cui alla lettera b), del secondo comma deve risultare da verbale redatto da notaio ed è depositata ed iscritta nel registro delle imprese a norma dell'articolo 2436 del codice civile.

Art. 153.

Effetti del concordato della società.

I. Salvo patto contrario, il concordato fatto da una società con soci a responsabilità illimitata ha efficacia anche di fronte ai soci e fa cessare il loro fallimento. [...]

II. Contro il decreto di chiusura del fallimento del socio è ammesso reclamo a norma dell'articolo 26.

Art. 154.

Concordato particolare del socio.

I. Nel fallimento di una società con soci a responsabilità illimitata, ciascuno dei soci dichiarato fallito può proporre un concordato ai creditori sociali e particolari concorrenti nel proprio fallimento.

CAPO XI

Dei patrimoni destinati ad uno specifico affare

Art. 155.

Patrimoni destinati ad uno specific affare.

I. Se è dichiarato il fallimento della società, l'amministrazione del patrimonio destinato previsto dall'articolo 2447-bis, primo comma, lettera a), del codice civile è attribuita al curatore che vi provvede con gestione separata.

II. Il curatore provvede a norma dell'articolo 107 alla cessione a terzi del patrimonio, al fine di conservarne la funzione produttiva. Se la cessione non è possibile, il curatore provvede alla liquidazione del patrimonio secondo le regole della liquidazione della società in quanto compatibili.

III. Il corrispettivo della cessione al netto dei debiti del patrimonio o il residuo attivo della liquidazione sono acquisiti dal curatore nell'attivo fallimentare, detratto quanto spettante ai terzi che vi abbiano effettuato apporti, ai sensi dell'articolo 2447-ter, primo comma, lettera d), del codice civile.

Art. 156.

Patrimonio destinato incapiente; violazione delle regole di separatezza.

I. Se a seguito del fallimento della società o nel corso della gestione il curatore rileva che il patrimonio destinato è incapiente provvede, previa autorizzazione del giudice delegato, alla sua liquidazione secondo le regole della liquidazione della società in quanto compatibili.

II. I creditori particolari del patrimonio destinato possono presentare domanda di insinuazione al passivo del fallimento della società nei casi di responsabilità sussidiaria o illimitata previsti dall'articolo 2447-quinquies, terzo e quarto comma, del codice civile.

III. Se risultano violate le regole di separatezza fra uno o più patrimoni destinati costituiti dalla società e il patrimonio della società medesima, il curatore può agire in responsabilità contro gli amministratori e i componenti degli organi di controllo della società ai sensi dell'articolo 146.

Artt. 157-159

(Articoli abrogati dal D. Lgs. 9 gennaio 2006, n. 5. La modifica è entrata in vigore il 16 luglio 2006)

TITOLO III

DEL CONCORDATO PREVENTIVO E DEGLI ACCORDI DI RISTRUTTURAZIONE

CAPO I

Dell'ammissione alla procedura di concordato preventivo

Art. 160.

Presupposti per l'ammissione alla procedura.

I. L'imprenditore che si trova in stato di crisi può proporre ai creditori un concordato preventivo sulla base di un piano che può prevedere:

a) la ristrutturazione dei debiti e la soddisfazione dei crediti attraverso qualsiasi forma, anche mediante cessione dei beni, accollo, o altre operazioni straordinarie, ivi compresa l'attribuzione ai creditori, nonché a società da questi partecipate, di azioni, quote, ovvero obbligazioni, anche convertibili in azioni, o altri strumenti finanziari e titoli di debito;

b) l'attribuzione delle attività delle imprese interessate dalla proposta di concordato ad un assuntore; possono costituirsi come assuntori anche i creditori o società da questi partecipate o da costituire nel corso della procedura, le azioni delle quali siano destinate ad essere attribuite ai creditori per effetto del concordato;

c) la suddivisione dei creditori in classi secondo posizione giuridica e interessi economici omogenei;

d) trattamenti differenziati tra creditori appartenenti a classi diverse.

II. La proposta può prevedere che i creditori muniti di diritto di privilegio, pegno o ipoteca, non vengano soddisfatti integralmente, purché il piano ne preveda la soddisfazione in misura non inferiore a quella realizzabile, in ragione della collocazione preferenziale, sul ricavato in caso di liquidazione, avuto riguardo al valore di mercato attribuibile ai beni o diritti sui quali sussiste la causa di prelazione indicato nella relazione giurata di un professionista in possesso dei requisiti di cui all'art. 67, terzo comma, lettera d). Il trattamento stabilito per ciascuna classe non può avere l'effetto di alterare l'ordine delle cause legittime di prelazione.

III. Ai fini di cui al primo comma per stato di crisi si intende anche lo stato di insolvenza.

Art. 161.

Domanda di concordato.

I. La domanda per l'ammissione alla procedura di concordato preventivo è proposta con ricorso, sottoscritto dal debitore, al tribunale del luogo in cui l'impresa ha la propria sede principale; il trasferimento della stessa intervenuto nell'anno antecedente al deposito del ricorso non rileva ai fini della individuazione della competenza.

II. Il debitore deve presentare con il ricorso:

a) una aggiornata relazione sulla situazione patrimoniale, economica e finanziaria dell'impresa;

b) uno stato analitico ed estimativo delle attività e l'elenco nominativo dei creditori, con l'indicazione dei rispettivi crediti e delle cause di prelazione;

c) l'elenco dei titolari dei diritti reali o personali su beni di proprietà o in possesso del debitore;

d) il valore dei beni e i creditori particolari degli eventuali soci illimitatamente responsabili;

e) un piano contenente la descrizione analitica delle modalità e dei tempi di adempimento della proposta.

III. Il piano e la documentazione di cui ai commi precedenti devono essere accompagnati dalla relazione di un professionista, designato dal debitore, in possesso dei requisiti di cui all'articolo 67, terzo comma, lett. d), che attesti la veridicità dei dati aziendali e la fattibilità del piano medesimo. Analoga relazione deve essere presentata nel caso di modifiche sostanziali della proposta o del piano.

IV. Per la società la domanda deve essere approvata e sottoscritta a norma dell'articolo 152.

V. La domanda di concordato è comunicata al pubblico ministero ed è pubblicata, a cura del cancelliere, nel registro delle imprese entro il giorno successivo al deposito in cancelleria.

VI. L'imprenditore puo' depositare il ricorso contenente la domanda di concordato unitamente ai bilanci relativi agli ultimi tre esercizi, riservandosi di presentare la proposta, il piano e la documentazione di cui ai commi secondo e terzo entro un termine fissato dal giudice compreso fra sessanta e centoventi giorni e prorogabile, in presenza di giustificati motivi, di non oltre sessanta giorni. Nello stesso termine, in alternativa e con conservazione sino all'omologazione degli effetti prodotti dal ricorso, il debitore puo' depositare domanda ai sensi dell'articolo 182-bis, primo comma. In mancanza, si applica l'articolo 162, commi secondo e terzo.

VII. Dopo il deposito del ricorso e fino al decreto di cui all'articolo 163 il debitore puo' compiere gli atti urgenti di straordinaria amministrazione previa autorizzazione del tribunale, il quale puo' assumere sommarie informazioni. Nello stesso periodo e a decorrere dallo stesso termine il debitore puo' altresi' compiere gli atti di ordinaria amministrazione. I crediti di terzi eventualmente sorti per effetto degli atti legalmente compiuti dal debitore sono prededucibili ai sensi dell'articolo 111.

VIII. Con il decreto di cui al sesto comma, primo periodo, il tribunale dispone gli obblighi informativi periodici, anche relativi alla gestione finanziaria dell'impresa, che il debitore deve assolvere sino alla scadenza del termine fissato. In caso di violazione di tali obblighi, si applica l'articolo 162, commi secondo e terzo.

IX. La domanda di cui al sesto comma è inammissibile quando il debitore, nei due anni precedenti, ha presentato altra domanda ai sensi del medesimo comma alla quale non abbia fatto seguito l'ammissione alla procedura di concordato preventivo o l'omologazione dell'accordo di ristrutturazione dei debiti.

X. Fermo quanto disposto dall'articolo 22, comma 1, quando pende il procedimento per la dichiarazione di fallimento il termine di cui al sesto comma è di sessanta giorni, prorogabili, in presenza di giustificati motivi, di non oltre sessanta giorni.

Art. 162.

Inammissibilità della proposta.

I. Il Tribunale può concedere al debitore un termine non superiore a quindici giorni per apportare integrazioni al piano e produrre nuovi documenti.

II. Il Tribunale, se all'esito del procedimento verifica che non ricorrono i presupposti di cui agli articoli 160, commi primo e secondo, e 161, sentito il debitore in camera di consiglio, con decreto non soggetto a reclamo dichiara inammissibile la proposta di concordato. In tali casi il tribunale, su istanza del creditore o su richiesta del pubblico ministero, accertati i presupposti di cui agli articoli 1 e 5 dichiara il fallimento del debitore.

III. Contro la sentenza che dichiara il fallimento è proponibile reclamo a norma dell'articolo 18. Con il reclamo possono farsi valere anche motivi attinenti all'ammissibilità della proposta di concordato.

Art. 163.

Ammissione alla procedura.

I. Il tribunale, ove non abbia provveduto a norma dell'articolo 162, commi primo e secondo, con decreto non soggetto a reclamo, dichiara aperta la procedura di concordato preventivo; ove siano previste diverse classi di creditori, il tribunale provvede analogamente previa valutazione della correttezza dei criteri di formazione delle diverse classi.

II. Con il provvedimento di cui al primo comma, il tribunale:

1) delega un giudice alla procedura di concordato;

2) ordina la convocazione dei creditori non oltre trenta giorni dalla data del provvedimento e stabilisce il termine per la comunicazione di questo ai creditori;

3) nomina il commissario giudiziale osservate le disposizioni degli articoli 28 e 29;

4) stabilisce il termine non superiore a quindici giorni entro il quale il ricorrente deve depositare nella cancelleria del tribunale la somma pari al 50 per cento delle spese che si presumono necessarie per l'intera procedura, ovvero la diversa minor somma, non inferiore al 20 per cento di tali spese, che sia determinata dal giudice. Su proposta del commissario giudiziale, il giudice delegato può disporre che le somme riscosse vengano investite secondo quanto previsto dall'articolo 34, primo comma.

III. Qualora non sia eseguito il deposito prescritto, il commissario giudiziale provvede a norma dell' articolo 173, primo comma.

Art. 164.

Decreti del giudice delegato.

I. I decreti del giudice delegato sono soggetti a reclamo a norma dell'articolo 26.

Art. 165.

Commissario giudiziale.

I. Il commissario giudiziale è, per quanto attiene all'esercizio delle sue funzioni, pubblico ufficiale.

II. Si applicano al commissario giudiziale gli articoli 36, 37, 38 e 39.

Art. 166.

Pubblicità del decreto.

I. Il decreto è pubblicato, a cura del cancelliere, a norma dell'articolo 17. Il tribunale può, inoltre, disporne la pubblicazione in uno o più giornali, da esso indicati.

II. Se il debitore possiede beni immobili o altri beni soggetti a pubblica registrazione, si applica la disposizione dell'articolo 88, secondo comma.

CAPO II

Degli effetti dell'ammissione al concordato preventivo

Art. 167.

<u>Amministrazione dei beni durante la procedura.</u>

I. Durante la procedura di concordato, il debitore conserva l'amministrazione dei suoi beni e l'esercizio dell'impresa, sotto la vigilanza del commissario giudiziale.

II. I mutui, anche sotto forma cambiaria, le transazioni, i compromessi, le alienazioni di beni immobili, le concessioni di ipoteche o di pegno, le fideiussioni, le rinunzie alle liti, le ricognizioni di diritti di terzi, le cancellazioni di ipoteche, le restituzioni di pegni, le accettazioni di eredità e di donazioni e in genere gli atti eccedenti la ordinaria amministrazione, compiuti senza l'autorizzazione scritta del giudice delegato, sono inefficaci rispetto ai creditori anteriori al concordato.

III. Con il decreto previsto dall'articolo 163 o con successivo decreto, il tribunale può stabilire un limite di valore al di sotto del quale non è dovuta l'autorizzazione di cui al secondo comma.

Art. 168.

<u>Effetti della presentazione del ricorso.</u>

I. Dalla data della pubblicazione del ricorso nel registro delle imprese e fino al momento in cui il decreto di omologazione del concordato preventivo diventa definitivo, i creditori per titolo o causa anteriore [...] non possono, sotto pena di nullità, iniziare o proseguire azioni esecutive e cautelari sul patrimonio del debitore.

II. Le prescrizioni che sarebbero state interrotte dagli atti predetti rimangono sospese e le decadenze non si verificano.

III. I creditori non possono acquistare diritti di prelazione con efficacia rispetto ai creditori concorrenti, salvo che vi sia autorizzazione del giudice nei casi previsti dall'articolo precedente. Le ipoteche giudiziali iscritte nei novanta giorni che precedono la data della pubblicazione del ricorso nel registro delle imprese sono inefficaci rispetto ai creditori anteriori al concordato.

Art. 169.

Norme applicabili.

I. Si applicano, con riferimento alla data di presentazione della domanda di concordato, le disposizioni degli articoli 45, 55, 56, 57, 58, 59, 60, 61, 62, 63.

Art. 169-bis.

Contratti in corso di esecuzione.

I. Il debitore nel ricorso di cui all'articolo 161 puo' chiedere che il Tribunale o, dopo il decreto di ammissione, il giudice delegato lo autorizzi a sciogliersi dai contratti in corso di esecuzione alla data della presentazione del ricorso. Su richiesta del debitore puo' essere autorizzata la sospensione del contratto per non piu' di sessanta giorni, prorogabili una sola volta.

II. In tali casi, il contraente ha diritto ad un indennizzo equivalente al risarcimento del danno conseguente al mancato adempimento. Tale credito e' soddisfatto come credito anteriore al concordato.

III. Lo scioglimento del contratto non si estende alla clausola compromissoria in esso contenuta.

IV. Le disposizioni di questo articolo non si applicano ai rapporti di lavoro subordinato nonche' ai contratti di cui agli articoli 72, ottavo comma, 72 ter e 80 primo comma.

CAPO III

Dei provvedimenti immediati

Art. 170.

Scritture contabili.

I. Il giudice delegato, immediatamente dopo il decreto di ammissione al concordato, ne fa annotazione sotto l'ultima scrittura dei libri presentati.

II. I libri sono restituiti al debitore, che deve tenerli a disposizione del giudice delegato e del commissario giudiziale.

Art. 171.

Convocazione dei creditori.

I. Il commissario giudiziale deve procedere alla verifica dell'elenco dei creditori e dei debitori con la scorta delle scritture contabili presentate a norma dell'art. 161, apportando le necessarie rettifiche.

II. Il commissario giudiziale provvede a comunicare ai creditori a mezzo posta elettronica certificata, se il relativo indirizzo del destinatario risulta dal registro delle imprese ovvero dall'Indice nazionale degli indirizzi di posta elettronica certificata delle imprese e dei professionisti e, in ogni altro caso, a mezzo lettera raccomandata o telefax presso la sede dell'impresa o la residenza del creditore, un avviso contenente la data di convocazione dei creditori, la proposta del debitore, il decreto di ammissione, il suo indirizzo di posta elettronica certificata, l'invito ad indicare un indirizzo di posta elettronica certificata, le cui variazioni e' onere comunicare al commissario. Nello stesso avviso e' contenuto l'avvertimento di cui all'articolo 92, primo comma, n. 3). Tutte le successive comunicazioni ai creditori sono effettuate dal commissario a mezzo posta elettronica certificata. Quando, nel termine di quindici giorni dalla comunicazione dell'avviso, non e' comunicato l'indirizzo di cui all'invito previsto dal primo periodo e nei casi di mancata consegna del messaggio di posta elettronica certificata per cause imputabili al destinatario, esse si eseguono esclusivamente mediante deposito in cancelleria. Si applica l'articolo 31-bis, terzo comma, sostituendo al curatore il commissario giudiziale. (1)

III. Quando la comunicazione prevista dal comma precedente è sommamente difficile per il rilevante numero dei creditori o per la difficoltà di identificarli tutti, il tribunale, sentito il commissario giudiziale, può dare l'autorizzazione prevista dall'art. 126.

IV. Se vi sono obbligazionisti, il termine previsto dall'art. 163, primo comma, n. 2, deve essere raddoppiato.

V. In ogni caso l'avviso di convocazione per gli obbligazionisti è comunicato al loro rappresentante comune.

VI. Sono salve per le imprese esercenti il credito le disposizioni del R.D.L. 8 febbraio 1924, n. 136.

Art. 172.

Operazioni e relazione del commissario.

I. Il commissario giudiziale redige l'inventario del patrimonio del debitore e una relazione particolareggiata sulle cause del dissesto, sulla condotta del debitore, sulle proposte di concordato e sulle garanzie offerte ai creditori, e la deposita in cancelleria almeno dieci giorni prima dell'adunanza dei creditori. Nello stesso termine la comunica a mezzo posta elettronica certificata a norma dell'articolo 171, secondo comma.

II. Su richiesta del commissario il giudice può nominare uno stimatore che lo assista nella valutazione dei beni.

Art. 173.

Revoca dell'ammissione al concordato e dichiarazione del fallimento nel corso della procedura.

I. Il commissario giudiziale, se accerta che il debitore ha occultato o dissimulato parte dell'attivo, dolosamente omesso di denunciare uno o più crediti, esposto passività insussistenti o commesso altri atti di frode, deve riferirne immediatamente al tribunale, il quale apre d'ufficio il procedimento per la revoca dell'ammissione al concordato, dandone comunicazione al pubblico ministero e ai creditori. La comunicazione ai creditori e' eseguita dal commissario giudiziale a mezzo posta elettronica certificata ai sensi dell'articolo 171, secondo comma.

II. All'esito del procedimento, che si svolge nelle forme di cui all'articolo 15, il tribunale provvede con decreto e, su istanza del creditore o su richiesta del pubblico ministero, accertati i presupposti di cui agli articoli 1 e 5, dichiara il fallimento del debitore con contestuale sentenza, reclamabile a norma dell'articolo 18.

III. Le disposizioni di cui al secondo comma si applicano anche se il debitore durante la procedura di concordato compie atti non autorizzati a norma dell'articolo 167 o comunque diretti a frodare le ragioni dei creditori, o se in qualunque momento risulta che mancano le condizioni prescritte per l'ammissibilità del concordato.

CAPO IV

Della deliberazione del concordato preventivo

Art. 174.

Adunanza dei creditori.

I. L'adunanza dei creditori è presieduta dal giudice delegato.

II. Ogni creditore può farsi rappresentare da un mandatario speciale, con procura che può essere scritta senza formalità sull'avviso di convocazione.

III. Il debitore o chi ne ha la legale rappresentanza deve intervenire personalmente. Solo in caso di assoluto impedimento, accertato dal giudice delegato, può farsi rappresentare da un mandatario speciale.

IV. Possono intervenire anche i coobbligati, i fideiussori del debitore egli obbligati in via di regresso.

Art. 175.

Discussione della proposta di concordato.

I. Nell'adunanza dei creditori il commissario giudiziale illustra la sua relazione e le proposte definitive del debitore.

II. La proposta di concordato non può più essere modificata dopo l'inizio delle operazioni di voto.

III. Ciascun creditore può esporre le ragioni per le quali non ritiene ammissibile o accettabile la proposta di concordato e sollevare contestazioni sui crediti concorrenti.

IV. Il debitore ha facoltà di rispondere e contestare a sua volta i crediti, e ha il dovere di fornire al giudice gli opportuni chiarimenti.

Art. 176.

Ammissione provvisoria dei crediti contestati.

I. Il giudice delegato può ammettere provvisoriamente in tutto o in parte i crediti contestati ai soli fini del voto e del calcolo delle maggioranze, senza che ciò pregiudichi le pronunzie definitive sulla sussistenza dei crediti stessi.

II. I creditori esclusi possono opporsi alla esclusione in sede di omologazione del concordato nel caso in cui la loro ammissione avrebbe avuto influenza sulla formazione delle maggioranze.

Art. 177.

<u>Maggioranza per l'approvazione del concordato.</u>

I. Il concordato è approvato dai creditori che rappresentano la maggioranza dei crediti ammessi al voto. Ove siano previste diverse classi di creditori, il concordato è approvato se tale maggioranza si verifica inoltre nel maggior numero delle classi.

II. I creditori muniti di privilegio, pegno o ipoteca, ancorché la garanzia sia contestata, dei quali la proposta di concordato prevede l'integrale pagamento, non hanno diritto al voto se non rinunciano in tutto od in parte al diritto di prelazione. Qualora i creditori muniti di privilegio, pegno o ipoteca rinuncino in tutto o in parte alla prelazione, per la parte del credito non coperta dalla garanzia sono equiparati ai creditori chirografari; la rinuncia ha effetto ai soli fini del concordato.

III. I creditori muniti di diritto di prelazione di cui la proposta di concordato prevede, ai sensi dell'articolo 160, la soddisfazione non integrale, sono equiparati ai chirografari per la parte residua del credito.

IV. Sono esclusi dal voto e dal computo delle maggioranze il coniuge del debitore, i suoi parenti e affini fino al quarto grado, i cessionari o aggiudicatari dei loro crediti da meno di un anno prima della proposta di concordato.

Art. 178.

<u>Adesioni alla proposta di concordato.</u>

I. Nel processo verbale dell'adunanza dei creditori sono inseriti i voti favorevoli e contrari dei creditori con l'indicazione nominativa dei votanti e dell'ammontare dei rispettivi crediti. È altresì inserita l'indicazione nominativa dei creditori che non hanno esercitato il voto e dell'ammontare dei loro crediti.

II. Il processo verbale è sottoscritto dal giudice delegato, dal commissario e dal cancelliere.

III. Se nel giorno stabilito non è possibile compiere tutte le operazioni, la loro continuazione viene rimessa dal giudice ad un'udienza prossima, non oltre otto giorni, dandone comunicazione agli assenti.

IV. I creditori che non hanno esercitato il voto possono far pervenire il proprio dissenso per telegramma o per lettera o per telefax o per posta elettronica nei venti giorni successivi alla chiusura del verbale. In mancanza, si ritengono consenzienti e come tali sono considerati ai fini del computo della maggioranza dei crediti. Le manifestazioni di dissenso e gli assensi, anche presunti a norma del presente comma, sono annotati dal cancelliere in calce al verbale.

CAPO V

Dell'omologazione e dell'esecuzione del concordato preventivo. Degli accordi di ristrutturazione di debiti

Art. 179.

Mancata approvazione del concordato.

I. Se nei termini stabiliti non si raggiungono le maggioranze richieste dal primo comma dell'articolo 177, il giudice delegato ne riferisce immediatamente al tribunale, che deve provvedere a norma dell'art. 162, secondo comma.

II. Quando il commissario giudiziario rileva, dopo l'approvazione del concordato, che sono mutate le condizioni di fattibilità del piano, ne dà avviso ai creditori, i quali possono costituirsi nel giudizio di omologazione fino all'udienza di cui all'articolo 180 per modificare il voto.

Art. 180.

Giudizio di omologazione.

I. Se il concordato è stato approvato a norma del primo comma dell'articolo 177, il giudice delegato riferisce al tribunale il quale fissa un'udienza in camera di consiglio per la comparizione delle parti e del commissario giudiziale, disponendo che il provvedimento venga pubblicato a norma dell'articolo 17 e notificato, a cura del debitore, al commissario giudiziale e agli eventuali creditori dissenzienti.

II. Il debitore, il commissario giudiziale, gli eventuali creditori dissenzienti e qualsiasi interessato devono costituirsi almeno dieci giorni prima dell'udienza fissata. Nel medesimo termine il commissario giudiziale deve depositare il proprio motivato parere.

III. Se non sono proposte opposizioni, il tribunale, verificata la regolarità della procedura e l'esito della votazione, omologa il concordato con decreto motivato non soggetto a gravame.

IV. Se sono state proposte opposizioni, il Tribunale assume i mezzi istruttori richiesti dalle parti o disposti di ufficio, anche delegando uno dei componenti del collegio. Nell'ipotesi di cui al secondo periodo del primo comma dell'articolo 177 se un creditore appartenente ad una classe dissenziente ovvero, nell'ipotesi di mancata formazione delle classi, i creditori dissenzienti che rappresentano il venti per cento dei crediti ammessi al voto, contestano la convenienza della proposta, il tribunale può omologare il concordato qualora ritenga che il credito possa risultare soddisfatto dal concordato in misura non inferiore rispetto alle alternative concretamente praticabili.

V. Il tribunale provvede con decreto motivato comunicato al debitore e al commissario giudiziale, che provvede a darne notizia ai creditori. Il decreto è pubblicato a norma dell'articolo 17 ed è provvisoriamente esecutivo.

VI. Le somme spettanti ai creditori contestati, condizionali o irreperibili sono depositate nei modi stabiliti dal tribunale, che fissa altresì le condizioni e le modalità per lo svincolo.

VII. Il tribunale, se respinge il concordato, su istanza del creditore o su richiesta del pubblico ministero, accertati i presupposti di cui gli articoli 1 e 5, dichiara il fallimento del debitore, con separata sentenza, emessa contestualmente al decreto.

Art. 181.

Chiusura della procedura.

I. La procedura di concordato preventivo si chiude con il decreto di omologazione ai sensi dell' articolo 180. L'omologazione deve intervenire nel termine di sei mesi dalla presentazione del ricorso ai sensi dell' articolo 161; il termine può essere prorogato per una sola volta dal tribunale di sessanta giorni.

Art. 182.

Provvedimenti in caso di cessione dei beni.

I. Se il concordato consiste nella cessione dei beni e non dispone diversamente, il tribunale nomina nel decreto di omologazione uno o più liquidatori e un comitato di tre o cinque creditori per assistere alla liquidazione e determina le altre modalità della liquidazione.

II. Si applicano ai liquidatori gli articoli 28, 29, 37, 38, 39 e 116 in quanto compatibili.

III. Si applicano al comitato dei creditori gli articoli 40 e 41 in quanto compatibili. Alla sostituzione dei membri del comitato provvede in ogni caso il tribunale.

IV. Le vendite di aziende e rami di aziende, beni immobili e altri beni iscritti in pubblici registri, nonché le cessioni di attività e passività dell'azienda e di beni o rapporti giuridici individuali in blocco devono essere autorizzate dal comitato dei creditori.

V. Si applicano gli articoli da 105 a 108-ter in quanto compatibili.

VI. Si applica l'articolo 33, quinto comma, primo, secondo e terzo periodo, sostituendo al curatore il liquidatore, che provvede con periodicita' semestrale dalla nomina. Quest'ultimo comunica a mezzo di posta elettronica certificata altra copia del rapporto al commissario giudiziale, che a sua volta lo comunica ai creditori a norma dell'articolo 171, secondo comma.

Art. 182-bis.

<u>Accordi di ristrutturazione dei debiti.</u>

I. L'imprenditore in stato di crisi può domandare, depositando la documentazione di cui all'articolo 161, l'omologazione di un accordo di ristrutturazione dei debiti stipulato con i creditori rappresentanti almeno il sessanta per cento dei crediti, unitamente ad una relazione redatta da un professionista, designato dal debitore, in possesso dei requisiti di cui all'articolo 67, terzo comma, lettera d) sulla veridicità dei dati aziendali e sull'attualità dell'accordo stesso con particolare riferimento alla sua idoneità ad assicurare l'integrale pagamento dei creditori estranei nel rispetto dei seguenti termini:

a) entro centoventi giorni dall'omologazione, in caso di crediti già scaduti a quella data;

b) entro centoventi giorni dalla scadenza, in caso di crediti non ancora scaduti alla data dell'omologazione.

II. L'accordo e' pubblicato nel registro delle imprese e acquista efficacia dal giorno della sua pubblicazione.

III. Dalla data della pubblicazione e per sessanta giorni i creditori per titolo e causa anteriore a tale data non possono iniziare o proseguire azioni cautelari o esecutive sul patrimonio del debitore, né acquisire titoli di prelazione se non concordati. Si applica l' articolo 168, secondo comma.

IV. Entro trenta giorni dalla pubblicazione i creditori e ogni altro interessato possono proporre opposizione. Il tribunale, decise le opposizioni, procede all'omologazione in camera di consiglio con decreto motivato.

V. Il decreto del tribunale e' reclamabile alla corte di appello ai sensi dell' articolo 183, in quanto applicabile, entro quindici giorni dalla sua pubblicazione nel registro delle imprese.

VI. Il divieto di iniziare o proseguire le azioni cautelari o esecutive di cui al terzo comma può essere richiesto dall'imprenditore anche nel corso delle trattative e prima della formalizzazione dell'accordo di cui al presente articolo, depositando presso il tribunale competente ai sensi dell'articolo 9 la documentazione di cui all'articolo 161, primo e secondo comma, lettere a), b), c) e d), e una proposta di accordo corredata da una dichiarazione dell'imprenditore, avente valore di autocertificazione, attestante che sulla proposta sono in corso trattative con i creditori che rappresentano almeno il sessanta per cento dei crediti e da una dichiarazione del professionista avente i requisiti di cui all'articolo 67, terzo comma, lettera d), circa la idoneità della proposta, se accettata, ad assicurare l'integrale pagamento dei creditori con i quali non sono in corso trattative o che hanno comunque negato la propria disponibilità a trattare. L'istanza di sospensione di cui al presente comma e' pubblicata nel registro delle imprese e produce l'effetto del divieto di inizio o prosecuzione delle azioni esecutive e cautelari, nonché del divieto di acquisire titoli di prelazione, se non concordati, dalla pubblicazione.

VII. Il tribunale, verificata la completezza della documentazione depositata, fissa con decreto l'udienza entro il termine di trenta giorni dal deposito dell'istanza di cui al sesto comma, disponendo la comunicazione ai creditori della documentazione stessa. Nel corso dell'udienza, riscontrata la sussistenza dei presupposti per pervenire a un accordo di ristrutturazione dei debiti con le maggioranze di cui al primo comma e delle condizioni per l'integrale pagamento dei creditori con i quali non sono in corso trattative o che hanno comunque negato la propria disponibilità a trattare, dispone con decreto motivato il divieto di iniziare o proseguire le azioni cautelari o esecutive e di acquisire titoli di prelazione se non concordati assegnando il termine di non oltre sessanta giorni per il deposito dell'accordo di ristrutturazione e della relazione redatta dal professionista a norma del primo comma. Il decreto del precedente periodo e' reclamabile a norma del quinto comma in quanto applicabile.

VIII. A seguito del deposito di un accordo di ristrutturazione dei debiti nei termini assegnati dal tribunale trovano applicazione le disposizioni di cui al secondo, terzo, quarto e quinto comma. Se nel medesimo termine è depositata una domanda di concordato preventivo, si conservano gli effetti di cui ai commi sesto e settimo.

Art. 182-ter.

<u>Transazione fiscale.</u>

I. Con il piano di cui all'articolo 160 il debitore può proporre il pagamento, parziale o anche dilazionato, dei tributi amministrati dalle agenzie fiscali e dei relativi accessori, nonché dei contributi amministrati dagli enti gestori di forme di previdenza e assistenza obbligatorie e dei relativi accessori, limitatamente alla quota di debito avente natura chirografaria anche se non iscritti a ruolo, ad eccezione dei tributi costituenti risorse proprie dell'Unione europea; con riguardo all'imposta sul valore aggiunto ed alle ritenute operate e non versate, la proposta può prevedere esclusivamente la dilazione del pagamento. Se il credito tributario o contributivo e' assistito da privilegio, la percentuale, i tempi di pagamento e le eventuali garanzie non possono essere inferiori a quelli offerti ai creditori che hanno un grado di privilegio inferiore o a quelli che hanno una posizione giuridica ed interessi economici omogenei a quelli delle agenzie e degli enti gestori di forme di previdenza e assistenza obbligatorie; se il credito tributario o contributivo ha natura chirografaria, il trattamento non può essere differenziato rispetto a quello degli altri creditori chirografari ovvero, nel caso di suddivisione in classi, dei creditori rispetto ai quali è previsto un trattamento più favorevole.

II. Ai fini della proposta di accordo sui crediti di natura fiscale, copia della domanda e della relativa documentazione, contestualmente al deposito presso il tribunale, deve essere presentata al competente concessionario del servizio nazionale della riscossione ed all'ufficio competente sulla base dell'ultimo domicilio fiscale del debitore, unitamente alla copia delle dichiarazioni fiscali per le quali non è pervenuto l'esito dei controlli automatici nonché delle dichiarazioni integrative relative al periodo sino alla data di presentazione della domanda, al fine di consentire il consolidamento del debito fiscale. Il concessionario, non oltre trenta giorni dalla data della presentazione, deve trasmettere al debitore una certificazione attestante l'entità del debito iscritto a ruolo scaduto o sospeso. L'ufficio, nello stesso termine, deve procedere alla liquidazione dei tributi risultanti dalle dichiarazioni ed alla notifica dei relativi avvisi di irregolarità, unitamente ad una certificazione attestante l'entità del debito derivante da atti di accertamento ancorché non definitivi, per la parte non iscritta a ruolo, nonché da ruoli vistati, ma non ancora consegnati al concessionario. Dopo l'emissione del decreto di cui all'articolo 163, copia dell'avviso di irregolarità e delle certificazioni devono essere trasmessi al Commissario giudiziale per gli adempimenti previsti dall'articolo 171, primo comma, e dall'articolo 172. In particolare, per i tributi amministrati dall'agenzia delle dogane, l'ufficio competente a ricevere copia della domanda con la relativa documentazione prevista al primo periodo, nonché a rilasciare la certificazione di cui al terzo periodo, si identifica con l'ufficio che ha notificato al debitore gli atti di accertamento.

III. Relativamente ai tributi non iscritti a ruolo, ovvero non ancora consegnati al concessionario del servizio nazionale della riscossione alla data di presentazione della domanda, l'adesione o il diniego alla proposta di concordato è approvato con atto del direttore dell'ufficio, su conforme parere della competente direzione regionale, ed è espresso mediante voto favorevole o contrario in sede di adunanza dei creditori, ovvero nei modi previsti dall'articolo 178, primo comma.

IV. Relativamente ai tributi iscritti a ruolo e già consegnati al concessionario del servizio nazionale della riscossione alla data di presentazione della domanda, quest'ultimo provvede ad esprimere il voto in sede di adunanza dei creditori, su indicazione del direttore dell'ufficio, previo conforme parere della competente direzione regionale.

V. La chiusura della procedura di concordato ai sensi dell'articolo 181, determina la cessazione della materia del contendere nelle liti aventi ad oggetto i tributi di cui al primo comma.

VI. Il debitore può effettuare la proposta di cui al primo comma anche nell'ambito delle trattative che precedono la stipula dell'accordo di ristrutturazione di cui all'articolo 182-bis. La proposta di transazione fiscale, unitamente con la documentazione di cui all'articolo 161, è depositata presso gli uffici indicati nel secondo comma, che procedono alla trasmissione ed alla liquidazione ivi previste. Alla proposta di transazione deve altresì essere allegata la dichiarazione sostitutiva, resa dal debitore o dal suo legale rappresentante ai sensi dell'articolo 47 del decreto del Presidente della Repubblica 28 dicembre 2000, n. 445, che la documentazione di cui al periodo che precede rappresenta fedelmente ed integralmente la situazione dell'impresa, con particolare riguardo alle poste attive del patrimonio. Nei successivi trenta giorni l'assenso alla proposta di transazione è espresso relativamente ai tributi non iscritti a ruolo, ovvero non ancora consegnati al concessionario del servizio nazionale della riscossione alla data di presentazione della domanda, con atto del direttore dell'ufficio, su conforme parere della competente direzione regionale, e relativamente ai tributi iscritti a ruolo e già consegnati al concessionario del servizio nazionale della riscossione alla data di presentazione della domanda, con atto del concessionario su indicazione del direttore dell'ufficio, previo conforme parere della competente direzione generale. L'assenso così espresso equivale a sottoscrizione dell'accordo di ristrutturazione.

VII. La transazione fiscale conclusa nell'ambito dell'accordo di ristrutturazione di cui all'articolo 182-bis e' revocata di diritto se il debitore non esegue integralmente, entro 90 giorni dalle scadenze previste, i pagamenti dovuti alle Agenzie fiscali ed agli enti gestori di forme di previdenza e assistenza obbligatorie.

Art. 182-quater.

<u>Disposizioni in tema di prededucibilità dei crediti nel concordato preventivo, negli accordi di ristrutturazione dei debiti.</u>

I. I crediti derivanti da finanziamenti in qualsiasi forma effettuati [...]in esecuzione di un concordato preventivo di cui agli articoli 160 e seguenti ovvero di un accordo di ristrutturazione dei debiti omologato ai sensi dell'articolo 182-bis) sono prededucibili ai sensi e per gli effetti dell'articolo 111.

II. Sono parificati ai crediti di cui al primo comma i crediti derivanti da finanziamenti erogati in funzione della presentazione della domanda di ammissione alla procedura di concordato preventivo o della domanda di omologazione dell'accordo di ristrutturazione dei debiti, qualora i finanziamenti siano previsti dal piano di cui all'articolo 160 o dall'accordo di ristrutturazione e purché la prededuzione sia espressamente disposta nel provvedimento con cui il tribunale accoglie la domanda di ammissione al concordato preventivo ovvero l'accordo sia omologato.

III. In deroga agli articoli 2467 e 2497-quinquies del codice civile, il primo e il secondo comma si applicano anche ai finanziamenti effettuati dai soci fino alla concorrenza dell'ottanta per cento del loro ammontare. Si applicano i commi primo e secondo quando il finanziatore ha acquisito la qualità di socio in esecuzione dell'accordo di ristrutturazione dei debiti o del concordato preventivo.

IV. Con riferimento ai crediti indicati al secondo comma, i creditori, anche se soci, sono esclusi dal voto e dal computo delle maggioranze per l'approvazione del concordato ai sensi dell'articolo 177 e dal computo della percentuale dei crediti prevista all'articolo 182-bis, primo e sesto comma.

Art. 182-quinquies.

<u>Disposizioni in tema di finanziamento e di continuità aziendale nel concordato preventivo e negli accordi di ristrutturazione dei debiti</u>

I. Il debitore che presenta, anche ai sensi dell'articolo 161 sesto comma, una domanda di ammissione al concordato preventivo o una domanda di omologazione di un accordo di ristrutturazione dei debiti ai sensi dell'articolo 182 bis, primo comma, o una proposta di accordo ai sensi dell'articolo 182 bis, sesto comma, puo' chiedere al tribunale di essere autorizzato, assunte se del caso sommarie informazioni, a contrarre finanziamenti, prededucibili ai sensi dell'articolo 111, se un professionista designato dal debitore in possesso dei requisiti di cui all'articolo 67, terzo comma, lettera d), verificato il complessivo fabbisogno finanziario dell'impresa sino all'omologazione, attesta che tali finanziamenti sono funzionali alla migliore soddisfazione dei creditori.

II. L'autorizzazione di cui al primo comma puo' riguardare anche finanziamenti individuati soltanto per tipologia ed entita', e non ancora oggetto di trattative.

III. Il tribunale puo' autorizzare il debitore a concedere pegno o ipoteca a garanzia dei medesimi finanziamenti.

IV. Il debitore che presenta domanda di ammissione al concordato preventivo con continuita' aziendale, anche ai sensi dell'articolo 161 sesto comma, puo' chiedere al tribunale di essere autorizzato, assunte se del caso sommarie informazioni, a pagare crediti anteriori per prestazioni di beni o servizi, se un professionista in possesso dei requisiti di cui all'articolo 67, terzo comma, lettera d), attesta che tali prestazioni sono essenziali per la prosecuzione della attivita' di impresa e funzionali ad assicurare la migliore soddisfazione dei creditori. L'attestazione del professionista non e' necessaria per pagamenti effettuati fino a concorrenza dell'ammontare di nuove risorse finanziarie che vengano apportate al debitore senza obbligo di restituzione o con obbligo di restituzione postergato alla soddisfazione dei creditori.

V. Il debitore che presenta una domanda di omologazione di un accordo di ristrutturazione dei debiti ai sensi dell'articolo 182-bis, primo comma, o una proposta di accordo ai sensi dell'articolo 182-bis, sesto comma, puo' chiedere al Tribunale di essere autorizzato, in presenza dei presupposti di cui al quarto comma, a pagare crediti anche anteriori per prestazioni di beni o servizi. In tal caso i pagamenti effettuati non sono soggetti all'azione revocatoria di cui all'articolo 67.

Art. 182-sexies.

Riduzione o perdita del capitale della società in crisi

I. Dalla data del deposito della domanda per l'ammissione al concordato preventivo, anche a norma dell'articolo 161, sesto comma, della domanda per l'omologazione dell'accordo di ristrutturazione di cui all'articolo 182 bis ovvero della proposta di accordo a norma del sesto comma dello stesso articolo e sino all'omologazione non si applicano gli articoli 2446, commi secondo e terzo, 2447, 2482-bis, commi quarto, quinto e sesto, e 2482-ter del codice civile. Per lo stesso periodo non opera la causa di scioglimento della societa' per riduzione o perdita del capitale sociale di cui agli articoli 2484, n. 4, e 2545-duodecies del codice civile.

II. Resta ferma, per il periodo anteriore al deposito delle domande e della proposta di cui al primo comma, l'applicazione dell'articolo 2486 del codice civile.

Art. 183.

Reclamo.

I. Contro il decreto del tribunale può essere proposto reclamo alla corte di appello, la quale pronuncia in camera di consiglio.

II. Con lo stesso reclamo è impugnabile la sentenza dichiarativa di fallimento, contestualmente emessa a norma dell'articolo 180, settimo comma.

Art. 184.

Effetti del concordato per i creditori.

I. Il concordato omologato è obbligatorio per tutti i creditori anteriori alla pubblicazione nel registro delle imprese del ricorso di cui all'articolo 161. Tuttavia essi conservano impregiudicati i diritti contro i coobbligati, i fideiussori del debitore e gli obbligati in via di regresso.

II. Salvo patto contrario, il concordato della società ha efficacia nei confronti dei soci illimitatamente responsabili.

CAPO VI

Dell'esecuzione, della risoluzione e dell'annullamento del concordato preventivo

Art. 185.

Esecuzione del concordato.

I. Dopo l'omologazione del concordato, il commissario giudiziale ne sorveglia l'adempimento, secondo le modalità stabilite nella sentenza di omologazione. Egli deve riferire al giudice ogni fatto dal quale possa derivare pregiudizio ai creditori.

II. Si applica il secondo comma dell'art. 136.

Art. 186.

Risoluzione e annullamento del concordato.

I. Ciascuno dei creditori può richiedere la risoluzione del concordato per inadempimento.

II. Il concordato non si può risolvere se l'inadempimento ha scarsa importanza.

III. Il ricorso per la risoluzione deve proporsi entro un anno dalla scadenza del termine fissato per l'ultimo adempimento previsto dal concordato.

IV. Le disposizioni che precedono non si applicano quando gli obblighi derivanti dal concordato sono stati assunti da un terzo con liberazione immediata del debitore.

V. Si applicano le disposizioni degli articoli 137 e 138, in quanto compatibili, intendendosi sostituito al curatore il commissario giudiziale.

Art. 186-bis.

<u>Concordato con continuità aziendale</u>

I. Quando il piano di concordato di cui all'articolo 161, secondo comma, lettera e) prevede la prosecuzione dell'attivita' di impresa da parte del debitore, la cessione dell'azienda in esercizio ovvero il conferimento dell'azienda in esercizio in una o piu' societa', anche di nuova costituzione, si applicano le disposizioni del presente articolo. Il piano puo' prevedere anche la liquidazione di beni non funzionali all'esercizio dell'impresa.

II. Nei casi previsti dal presente articolo:

a) il piano di cui all'articolo 161, secondo comma, lettera e), deve contenere anche un'analitica indicazione dei costi e dei ricavi attesi dalla prosecuzione dell'attivita' d'impresa prevista dal piano di concordato, delle risorse finanziarie necessarie e delle relative modalita' di copertura;

b) la relazione del professionista di cui all'articolo 161, terzo comma, deve attestare che la prosecuzione dell'attivita' d'impresa prevista dal piano di concordato e' funzionale al miglior soddisfacimento dei creditori;

c) il piano può prevedere, fermo quanto disposto dall'articolo 160, secondo comma, una moratoria sino ad un anno dall'omologazione per il pagamento dei creditori muniti di privilegio, pegno o ipoteca, salvo che sia prevista la liquidazione dei beni o diritti sui quali sussiste la causa di prelazione. In tal caso, i creditori muniti di cause di prelazione di cui al periodo precedente non hanno diritto al voto.

III. Fermo quanto previsto nell'articolo 169-bis, i contratti in corso di esecuzione alla data di deposito del ricorso, anche stipulati con pubbliche amministrazioni, non si risolvono per effetto dell'apertura della procedura. Sono inefficaci eventuali patti contrari. L'ammissione al concordato preventivo non impedisce la continuazione di contratti pubblici se il professionista designato dal debitore di cui all'articolo 67 ha attestato la conformita' al piano e la ragionevole capacita' di adempimento. Di tale continuazione puo' beneficiare, in presenza dei requisiti di legge, anche la societa' cessionaria o conferitaria d'azienda o di rami d'azienda cui i contratti siano trasferiti. Il giudice delegato, all'atto della cessione o del conferimento, dispone la cancellazione delle iscrizioni e trascrizioni.

IV. L'ammissione al concordato preventivo non impedisce la partecipazione a procedure di assegnazione di contratti pubblici, quando l'impresa presenta in gara:

a) una relazione di un professionista in possesso dei requisiti di cui all'articolo 67, terzo comma, lettera d) che attesta la conformita' al piano e la ragionevole capacita' di adempimento del contratto;

b) la dichiarazione di altro operatore in possesso dei requisiti di carattere generale, di capacita' finanziaria, tecnica, economica nonche' di certificazione, richiesti per l'affidamento dell'appalto, il quale si e' impegnato nei confronti del concorrente e della stazione appaltante a mettere a disposizione, per la durata del contratto, le risorse necessarie all'esecuzione dell'appalto e a subentrare all'impresa ausiliata nel caso in cui questa fallisca nel corso della gara ovvero dopo la stipulazione del contratto, ovvero non sia per qualsiasi ragione piu' in grado di dare regolare esecuzione all'appalto. Si applica l'articolo 49 del decreto legislativo 12 aprile 2006, n. 163.

V. Fermo quanto previsto dal comma precedente, l'impresa in concordato puo' concorrere anche riunita in raggruppamento temporaneo di imprese, purche' non rivesta la qualita' di mandataria e sempre che le altre imprese aderenti al raggruppamento non siano assoggettate ad una procedura concorsuale. In tal caso la dichiarazione di cui al precedente comma, lettera b), puo' provenire anche da un operatore facente parte del raggruppamento.

VI. Se nel corso di una procedura iniziata ai sensi del presente articolo l'esercizio dell'attivita' d'impresa cessa o risulta manifestamente dannoso per i creditori, il tribunale provvede ai sensi dell'articolo 173. Resta salva la facolta' del debitore di modificare la proposta di concordato.

TITOLO IV

DELL'AMMINISTRAZIONE CONTROLLATA

Artt. 187-193

<u>(Articoli abrogati, con effetto dal 16 luglio 2006, unitamente all'intero titolo quarto, dal D. Lgs. 9 gennaio 2006, n. 5, il quale ha altresì soppresso tutti i riferimenti alla amministrazione controllata contenuti nel regio decreto 16 marzo 1942, n. 267)</u>

TITOLO V

DELLA LIQUIDAZIONE COATTA AMMINISTRATIVA

Art. 194.

<u>Norme applicabili.</u>

I. La liquidazione coatta amministrativa è regolata dalle disposizioni del presente titolo, salvo che le leggi speciali dispongano diversamente.

II. Sono abrogate le disposizioni delle leggi speciali, incompatibili con quelle degli artt. 195, 196, 200, 201, 202, 203, 209, 211 e 213.

Art. 195.

<u>Accertamento giudiziario dello stato d'insolvenza anteriore alla liquidazione coatta amministrativa.</u>

I. Se un'impresa soggetta a liquidazione coatta amministrativa con esclusione del fallimento si trova in stato di insolvenza, il tribunale del luogo dove l'impresa ha la sede principale, su richiesta di uno o più creditori, ovvero dell'autorità che ha la vigilanza sull'impresa o di questa stessa, dichiara tale stato con sentenza. Il trasferimento della sede principale dell'impresa intervenuto nell'anno antecedente l'apertura del procedimento, non rileva ai fini della competenza.

II. Con la stessa sentenza o con successivo decreto adotta i provvedimenti conservativi che ritenga opportuni nell'interesse dei creditori fino all'inizio della procedura di liquidazione.

III. Prima di provvedere il tribunale deve sentire il debitore, con le modalità di cui all'articolo 15, e l'autorità governativa che ha la vigilanza sull'impresa.

IV. La sentenza è comunicata entro tre giorni, a norma dell'articolo 136 del codice di procedura civile, all'autorità competente perché disponga la liquidazione. Essa è inoltre notificata, affissa e resa pubblica nei modi e nei termini stabiliti per la sentenza dichiarativa di fallimento.

V. Contro la sentenza predetta può essere proposto reclamo da qualunque interessato, a norma degli articoli 18 e 19.

VI. Il tribunale che respinge il ricorso per la dichiarazione d'insolvenza provvede con decreto motivato. Contro il decreto è ammesso reclamo a norma dell'articolo 22.

VII. Il tribunale provvede su istanza del commissario giudiziale alla dichiarazione d'insolvenza a norma di questo articolo quando nel corso della procedura di concordato preventivo di un'impresa soggetta a liquidazione coatta amministrativa, con esclusione del fallimento, si verifica la cessazione della procedura e sussiste lo stato di insolvenza. Si applica in ogni caso il procedimento di cui al terzo comma.

VIII. Le disposizioni di questo articolo non si applicano agli enti pubblici.

Art. 196.

Concorso fra fallimento e liquidazione coatta amministrativa.

Per le imprese soggette a liquidazione coatta amministrativa, per le quali la legge non esclude la procedura fallimentare, la dichiarazione di fallimento preclude la liquidazione coatta amministrativa e il provvedimento di liquidazione coatta amministrativa preclude la dichiarazione di fallimento.

Art. 197.

Provvedimento di liquidazione.

Il provvedimento che ordina la liquidazione entro dieci giorni dalla sua data è pubblicato integralmente, a cura dell'autorità che lo ha emanato nella Gazzetta Ufficiale della Repubblica italiana ed è comunicato per l'iscrizione all'ufficio del registro delle imprese, salve le altre forme di pubblicità disposte nel provvedimento.

Art. 198.

Organi della liquidazione amministrativa.

I. Con il provvedimento che ordina la liquidazione o con altro successivo viene nominato con commissario liquidatore. È altresì nominato un comitato di sorveglianza di tre o cinque membri scelti fra persone particolarmente esperte nel ramo di attività esercitato dall'impresa, possibilmente fra i creditori.

II. Qualora l'importanza dell'impresa lo consigli, possono essere nominati tre commissari liquidatori. In tal caso essi deliberano a maggioranza, e la rappresentanza è esercitata congiuntamente da due di essi. Nella liquidazione delle cooperative la nomina del comitato di sorveglianza è facoltativo.

Art. 199.

Responsabilità del commissario liquidatore.

I. Il commissario liquidatore è, per quanto attiene all'esercizio delle sue funzioni, pubblico ufficiale.

II. Durante la liquidazione l'azione di responsabilità contro il commissario liquidatore revocato è proposta dal nuovo liquidatore con l'autorizzazione dell'autorità che vigila sulla liquidazione.

III. Si applicano al commissario liquidatore le disposizioni degli artt. 32, 37 e 38, primo comma, intendendosi sostituiti nei poteri del tribunale e del giudice delegato quelli dell'autorità che vigila sulla liquidazione.

Art. 200.

Effetti del provvedimento di liquidazione per l'impresa.

I. Dalla data del provvedimento che ordina la liquidazione si applicano gli artt. 42, 44, 45, 46 e 47 e se l'impresa è una società o una persona giuridica cessano le funzioni delle assemblee e degli organi di amministrazione e di controllo, salvo per il caso previsto dall'art. 214.

II. Nelle controversie anche in corso, relative a rapporti di diritto patrimoniale dell'impresa, sta in giudizio il commissario liquidatore.

Art. 201.

Effetti della liquidazione per i creditori e sui rapporti giuridici preesistenti.

I. Dalla data del provvedimento che ordina la liquidazione si applicano le disposizioni del titolo II, capo III, sezione II e sezione IV e le disposizioni dell'art. 66.

II. Si intendono sostituiti nei poteri del tribunale e del giudice delegato l'autorità amministrativa che vigila sulla liquidazione, nei poteri del curatore il commissario liquidatore e in quelli del comitato dei creditori il comitato di sorveglianza.

Art. 202.

Accertamento giudiziario dello stato d'insolvenza.

I. Se l'impresa al tempo in cui è stata ordinata la liquidazione, si trovava in stato d'insolvenza e questa non è stata preventivamente dichiarata a norma dell'art. 195, il tribunale del luogo dove l'impresa ha la sede principale, su ricorso del commissario liquidatore o su istanza del pubblico ministero, accerta tale stato con sentenza in camera di consiglio, anche se la liquidazione è stata disposta per insufficienza di attivo.

II. Si applicano le norme dell'art. 195, commi secondo, terzo, quarto, quinto e sesto.

Art. 203.

Effetti dell'accertamento giudiziario dello stato d'insolvenza.

I. Accertato giudizialmente lo stato d'insolvenza a norma degli artt. 195 o 202, sono applicabili con effetto dalla data del provvedimento che ordina la liquidazione le disposizioni del titolo II, capo III, sezione III, anche nei riguardi dei soci a responsabilità illimitata.

II. L'esercizio delle azioni di revoca degli atti compiuti in frode dei creditori compete al commissario liquidatore.

III. Il commissario liquidatore presenta al procuratore della Repubblica una relazione in conformità di quanto è disposto dall'art. 33, primo comma.

Art. 204.

Commissario liquidatore.

I. Il commissario liquidatore procede a tutte le operazioni della liquidazione secondo le direttive dell'autorità che vigila sulla liquidazione, e sotto il controllo del comitato di sorveglianza.

II. Egli prende in consegna i beni compresi nella liquidazione, le scritture contabili e gli altri documenti dell'impresa, richiedendo, ove occorra, l'assistenza di un notaio.

III. Il commissario liquidatore forma quindi l'inventario, nominando se necessario, uno o più stimatori per la valutazione dei beni.

Art. 205.

Relazione del commissario.

I. L'imprenditore o, se l'impresa è una società o una persona giuridica, gli amministratori devono rendere al commissario liquidatore il conto della gestione relativo al tempo posteriore all'ultimo bilancio.

II. Il commissario è dispensato dal formare il bilancio annuale, ma deve presentare alla fine di ogni semestre all'autorità che vigila sulla liquidazione una relazione sulla situazione patrimoniale dell'impresa e sull'andamento della gestione accompagnata da un rapporto del comitato di sorveglianza. Nello stesso termine, copia della relazione e' trasmessa al comitato di sorveglianza, unitamente agli estratti conto dei depositi postali o bancari relativi al periodo. Il comitato di sorveglianza o ciascuno dei suoi componenti possono formulare osservazioni scritte. Altra copia della relazione e' trasmessa, assieme alle eventuali osservazioni, per via telematica all'ufficio del registro delle imprese ed e' trasmessa a mezzo di posta elettronica certificata ai creditori e ai titolari di diritti sui beni.

Art. 206.

Poteri del commissario.

I. L'azione di responsabilità contro gli amministratori e i componenti degli organi di controllo dell'impresa in liquidazione, a norma degli artt. 2393 e 2394 del codice civile, è esercitata dal commissario liquidatore, previa autorizzazione dell'autorità che vigila sulla liquidazione.

II. Per il compimento degli atti previsti dall'art. 35, in quanto siano di valore indeterminato o di valore superiore a lire 2 milioni e per la continuazione dell'esercizio dell'impresa il commissario deve essere autorizzato dall'autorità predetta, la quale provvede sentito il comitato di sorveglianza.

Art. 207.

Comunicazione ai creditori ed ai terzi.

I. Entro un mese dalla nomina il commissario comunica a ciascun creditore, a mezzo posta elettronica certificata, se il relativo indirizzo del destinatario risulta dal registro delle imprese ovvero dall'Indice nazionale degli indirizzi di posta elettronica certificata delle imprese e dei professionisti e, in ogni altro caso, a mezzo lettera raccomandata o telefax presso la sede dell'impresa o la residenza del creditore, il suo indirizzo di posta elettronica certificata e le somme risultanti a credito di ciascuno secondo le scritture contabili e i documenti dell'impresa. Contestualmente il commissario invita i creditori ad indicare, entro il termine di cui al terzo comma, il loro indirizzo di posta elettronica certificata, con l'avvertimento sulle conseguenze di cui al quarto comma e relativo all'onere del creditore di comunicarne ogni variazione. La comunicazione s'intende fatta con riserva delle eventuali contestazioni.

II. Analoga comunicazione è fatta a coloro che possono far valere domande di rivendicazione, restituzione e separazione su cose mobili possedute dall'impresa.

III. Entro quindici giorni dal ricevimento della comunicazione i creditori e le altre persone indicate dal comma precedente possono far pervenire al commissario mediante posta elettronica certificata le loro osservazioni o istanze.

IV. Tutte le successive comunicazioni sono effettuate dal commissario all'indirizzo di posta elettronica certificata indicato ai sensi del primo comma. In caso di mancata indicazione dell'indirizzo di posta elettronica certificata o di mancata comunicazione della variazione, ovvero nei casi di mancata consegna per cause imputabili al destinatario, esse si eseguono mediante deposito in cancelleria. Si applica l'articolo 31-bis, terzo comma, sostituendo al curatore il commissario liquidatore.

Art. 208.

Domande dei creditori e dei terzi.

I creditori e le altre persone indicate nell'articolo precedente che non hanno ricevuto la comunicazione prevista dal predetto articolo possono chiedere mediante raccomandata, entro sessanta giorni dalla pubblicazione nella Gazzetta Ufficiale del provvedimento di liquidazione, il riconoscimento dei propri crediti e la restituzione dei loro beni, comunicando l'indirizzo di posta elettronica certificata. Si applica l'articolo 207, quarto comma.

Art. 209.

Formazione dello stato passivo.

I. Salvo che le leggi speciali stabiliscano un maggior termine, entro novanta giorni dalla data del provvedimento di liquidazione, il commissario forma l'elenco dei crediti ammessi o respinti e delle domande indicate nel secondo comma dell'articolo 207 accolte o respinte, e lo deposita nella cancelleria del luogo dove l'impresa ha la sede principale. Il commissario trasmette l'elenco dei crediti ammessi o respinti a coloro la cui pretesa non sia in tutto o in parte ammessa a mezzo posta elettronica certificata ai sensi dell'articolo 207, quarto comma. Col deposito in cancelleria l'elenco diventa esecutivo.

II. Le impugnazioni, le domande tardive di crediti e le domande di rivendica e di restituzione sono disciplinate dagli articoli 98, 99, 101 e 103, sostituiti al giudice delegato il giudice istruttore ed al curatore il commissario liquidatore.

III. Restano salve le disposizioni delle leggi speciali relative all'accertamento dei crediti chirografari nella liquidazione delle imprese che esercitano il credito.

Art. 210.

Liquidazione dell'attivo.

I. Il commissario ha tutti i poteri necessari per la liquidazione dell'attivo, salve le limitazioni stabilite dall'autorità che vigila sulla liquidazione.

II. In ogni caso per la vendita degli immobili e per la vendita dei mobili in blocco occorrono l'autorizzazione dell'autorità che vigila sulla liquidazione e il parere del comitato di sorveglianza.

III. Nel caso di società con soci a responsabilità limitata il presidente del tribunale può, su proposta del commissario liquidatore, ingiungere con decreto ai soci a responsabilità limitata e ai precedenti titolari delle quote o delle azioni di eseguire i versamenti ancora dovuti, quantunque non sia scaduto il termine stabilito per il pagamento.

Art. 211

(Articolo abrogato dall'art. 18 del D. Lgs. 12 settembre 2007, n. 169.)

Art. 212.

Ripartizione dell'attivo.

I. Le somme ricavate dalla liquidazione dell'attivo sono distribuite secondo l'ordine stabilito nell'art. 111.

II. Previo il parere del comitato di sorveglianza, e con l'autorizzazione dell'autorità che vigila sulla liquidazione, il commissario può distribuire acconti parziali, sia a tutti i creditori, sia ad alcune categorie di essi, anche prima che siano realizzate tutte le attività e accertate tutte le passività.

III. Le domande tardive per l'ammissione di crediti o per il riconoscimento dei diritti reali non pregiudicano le ripartizioni già avvenute, e possono essere fatte valere sulle somme non ancora distribuite, osservate le disposizioni dell'art. 112.

IV. Alle ripartizioni parziali si applicano le disposizioni dell'art. 113.

Art. 213.

Chiusura della liquidazione.

I. Prima dell'ultimo riparto ai creditori, il bilancio finale della liquidazione con il conto della gestione e il piano di riparto tra i creditori, accompagnati da una relazione del comitato di sorveglianza, devono essere sottoposti all'autorità, che vigila sulla liquidazione, la quale ne autorizza il deposito presso la cancelleria del tribunale e liquida il compenso al commissario.

II. Dell'avvenuto deposito, a cura del commissario liquidatore, è data comunicazione ai creditori ammessi al passivo ed ai creditori prededucibili con le modalita' di cui all'articolo 207, quarto comma, ed è data notizia mediante inserzione nella Gazzetta Ufficiale e nei giornali designati dall'autorità che vigila sulla liquidazione.

III. Gli interessati possono proporre le loro contestazioni con ricorso al tribunale nel termine perentorio di venti giorni, decorrente dalla comunicazione fatta dal commissario a norma del primo comma per i creditori e dalla inserzione nella Gazzetta Ufficiale per ogni altro interessato. Le contestazioni sono comunicate, a cura del cancelliere, all'autorità che vigila sulla liquidazione, al commissario liquidatore e al comitato di sorveglianza, che nel termine di venti giorni possono presentare nella cancelleria del tribunale le loro osservazioni. Il tribunale provvede con decreto in camera di consiglio. Si applicano, in quanto compatibili, le disposizioni dell'articolo 26.

IV. Decorso il termine senza che siano proposte contestazioni, il bilancio, il conto di gestione e il piano di riparto si intendono approvati, e il commissario provvede alle ripartizioni finali tra i creditori. Si applicano le norme dell'articolo 117, e se del caso degli articoli 2495 e 2496 del codice civile.

Art. 214.

Concordato.

I. L'autorità che vigila sulla liquidazione, su parere del commissario liquidatore, sentito il comitato di sorveglianza, può autorizzare l'impresa in liquidazione, uno o più creditori o un terzo a proporre al tribunale un concordato, a norma dell'articolo 124, osservate le disposizioni dell'articolo 152, se si tratta di società.

II. La proposta di concordato è depositata nella cancelleria del tribunale col parere del commissario liquidatore e del comitato di sorveglianza, comunicata dal commissario a tutti i creditori ammessi al passivo con le modalita' di cui all'articolo 207, quarto comma, e pubblicata mediante inserzione nella Gazzetta Ufficiale e deposito presso l'ufficio del registro delle imprese.

III. I creditori e gli altri interessati possono presentare nella cancelleria le loro opposizioni nel termine perentorio di trenta giorni, decorrente dalla comunicazione fatta dal commissario per i creditori e dall'esecuzione delle formalità pubblicitarie di cui al secondo comma per ogni altro interessato.

IV. Il tribunale, sentito il parere dell'autorità che vigila sulla liquidazione, decide sulle opposizioni e sulla proposta di concordato con decreto in camera di consiglio. Si applicano, in quanto compatibili, le disposizioni degli articoli 129, 130 e 131.

V. Gli effetti del concordato sono regolati dall'articolo 135.

VI. Il commissario liquidatore con l'assistenza del comitato di sorveglianza sorveglia l'esecuzione del concordato.

Art. 215.

Risoluzione e annullamento del concordato.

I. Se il concordato non è eseguito, il tribunale, su ricorso del commissario liquidatore o di uno o più creditori, pronuncia, con sentenza in camera di consiglio [...], la risoluzione del concordato. Si applicano le disposizioni dei commi dal secondo al sesto dell'articolo 137.

II. Su richiesta del commissario o dei creditori il concordato può essere annullato a norma dell'articolo 138.

III. Risolto o annullato il concordato, si riapre la liquidazione amministrativa e l'autorità che vigila sulla liquidazione adotta i provvedimenti che ritiene necessari.

TITOLO VI

DISPOSIZIONI PENALI

CAPO I

Reati commessi dal fallito

Art. 216.

Bancarotta fraudolenta.

I. È punito con la reclusione da tre a dieci anni, se è dichiarato fallito, l'imprenditore, che:

1) ha distratto, occultato, dissimulato, distrutto o dissipato in tutto o in parte i suoi beni ovvero, allo scopo di recare pregiudizio ai creditori, ha esposto o riconosciuto passività inesistenti;

2) ha sottratto, distrutto o falsificato, in tutto o in parte, con lo scopo di procurare a sé o ad altri un ingiusto profitto o di recare pregiudizi ai creditori, i libri o le altre scritture contabili o li ha tenuti in guisa da non rendere possibile la ricostruzione del patrimonio o del movimento degli affari.

II. La stessa pena si applica all'imprenditore, dichiarato fallito, che, durante la procedura fallimentare, commette alcuno dei fatti preveduti dal n. 1 del comma precedente ovvero sottrae, distrugge o falsifica i libri o le altre scritture contabili.

III. È punito con la reclusione da uno a cinque anni il fallito, che, prima o durante la procedura fallimentare, a scopo di favorire, a danno dei creditori, taluno di essi, esegue pagamenti o simula titoli di prelazione.

IV. Salve le altre pene accessorie, di cui al capo III, titolo II, libro I del codice penale, la condanna per uno dei fatti previsti nel presente articolo importa per la durata di dieci anni l'inabilitazione all'esercizio di una impresa commerciale e l'incapacità per la stessa durata ad esercitare uffici direttivi presso qualsiasi impresa.

Art. 217.

Bancarotta semplice.

I. È punito con la reclusione da sei mesi a due anni, se è dichiarato fallito, l'imprenditore, che, fuori dai casi preveduti nell'articolo precedente:

1) ha fatto spese personali o per la famiglia eccessive rispetto alla sua condizione economica;

2) ha consumato una notevole parte del suo patrimonio in operazioni di pura sorte o manifestamente imprudenti;

3) ha compiuto operazioni di grave imprudenza per ritardare il fallimento;

4) ha aggravato il proprio dissesto, astenendosi dal richiedere la dichiarazione del proprio fallimento o con altra grave colpa;

5) non ha soddisfatto le obbligazioni assunte in un precedente concordato preventivo o fallimentare.

II. La stessa pena si applica al fallito che, durante i tre anni antecedenti alla dichiarazione di fallimento ovvero dall'inizio dell'impresa, se questa ha avuto una minore durata, non ha tenuto i libri e le altre scritture contabili prescritti dalla legge o li ha tenuti in maniera irregolare o incompleta.

III. Salve le altre pene accessorie di cui al capo III, titolo II, libro I del codice penale, la condanna importa l'inabilitazione all'esercizio di un'impresa commerciale e l'incapacità ad esercitare uffici direttivi presso qualsiasi impresa fino a due anni.

Art. 217-bis.

Esenzioni dai reati di bancarotta.

Le disposizioni di cui all'articolo 216, terzo comma, e 217 non si applicano ai pagamenti e alle operazioni compiuti in esecuzione di un concordato preventivo di cui all'articolo 160 o di un accordo di ristrutturazione dei debiti omologato ai sensi dell'articolo 182-bis ovvero del piano di cui all'articolo 67, terzo comma, lettera d), nonché ai pagamenti e alle operazioni di finanziamento autorizzati dal giudice a norma dell'articolo 182-quinquies.

Art. 218.

Ricorso abusivo al credito.

I. Gli amministratori, i direttori generali, i liquidatori e gli imprenditori esercenti un'attività commerciale che ricorrono o continuano a ricorrere al credito, anche al di fuori dei casi di cui agli articoli precedenti, dissimulando il dissesto o lo stato d'insolvenza sono puniti con la reclusione da sei mesi a tre anni.

II. La pena è aumentata nel caso di società soggette alle disposizioni di cui al capo II, titolo III, parte IV, del testo unico delle disposizioni in materia di intermediazione finanziaria, di cui al decreto legislativo 24 febbraio 1998, n. 58, e successive modificazioni.

III. Salve le altre pene accessorie di cui al libro I, titolo II, capo III, del codice penale, la condanna importa l'inabilitazione all'esercizio di un'impresa commerciale e l'incapacità ad esercitare uffici direttivi presso qualsiasi impresa fino a tre anni.

Art. 219.

Circostanze aggravanti e circostanza attenuante.

I. Nel caso in cui i fatti previsti negli artt. 216, 217 e 218 hanno cagionato un danno patrimoniale di rilevante gravità, le pene da essi stabilite sono aumentate fino alla metà.

II. Le pene stabilite negli articoli suddetti sono aumentate:

1) se il colpevole ha commesso più fatti tra quelli previsti in ciascuno degli articoli indicati;

2) se il colpevole per divieto di legge non poteva esercitare un'impresa commerciale.

III. Nel caso in cui i fatti indicati nel primo comma hanno cagionato un danno patrimoniale di speciale tenuità, le pene sono ridotte fino al terzo.

Art. 220.

Denuncia di creditori inesistenti e alter inosservanze da parte del fallito.

I. È punito con la reclusione da sei a diciotto mesi il fallito, il quale, fuori dei casi preveduti all'art. 216, nell'elenco nominativo dei suoi creditori denuncia creditori inesistenti od omette di dichiarare l'esistenza di altri beni da comprendere nell'inventario, ovvero non osserva gli obblighi imposti dagli artt. 16, nn. 3 e 49.

II. Se il fatto è avvenuto per colpa, si applica la reclusione fino ad un anno.

Art. 221.

Fallimento con procedimento sommario.

Se al fallimento si applica il procedimento sommario le pene previste in questo capo sono ridotte fino al terzo.

Art. 222.

Fallimento delle società in nome collettivo e in accomandita semplice.

Nel fallimento delle società in nome collettivo e in accomandita semplice le disposizioni del presente capo si applicano ai fatti commessi dai soci illimitatamente responsabili.

CAPO II

Reati commessi da persone diverse dal fallito

Art. 223.

Fatti di bancarotta fraudolenta.

I. Si applicano le pene stabilite nell'art. 216 agli amministratori, ai direttori generali, ai sindaci e ai liquidatori di società dichiarate fallite, i quali hanno commesso alcuno dei fatti preveduti nel suddetto articolo.

II. Si applica alle persone suddette la pena prevista dal primo comma dell'art. 216, se:

1) hanno cagionato, o concorso a cagionare, il dissesto della società, commettendo alcuno dei fatti previsti dagli articoli 2621, 2622, 2626, 2627, 2628, 2629, 2632, 2633 e 2634 del codice civile.

2) hanno cagionato con dolo o per effetto di operazioni dolose il fallimento della società.

III. Si applica altresì in ogni caso la disposizione dell'ultimo comma dell'art. 216.

Art. 224.

Fatti di bancarotta semplice.

Si applicano le pene stabilite nell'art. 217 agli amministratori, ai direttori generali, ai sindaci e ai liquidatori di società dichiarate fallite, i quali:

1) hanno commesso alcuno dei fatti preveduti nel suddetto articolo;

2) hanno concorso a cagionare od aggravare il dissesto della società con inosservanza degli obblighi ad essi imposti dalla legge.

Art. 225.

Ricorso abusivo al credito.

Si applicano le pene stabilite nell'art. 218 agli amministratori ed ai direttori generali di società dichiarate fallite, i quali hanno commesso il fatto in esso previsto.

Art. 226.

Denuncia di crediti inesistenti.

Si applicano le pene stabilite nell'art. 220 agli amministratori, ai direttori generali e ai liquidatori di società dichiarate fallite, che hanno commesso i fatti in esso indicati.

Art. 227.

Reati dell'institore.

All'institore dell'imprenditore, dichiarato fallito, il quale nella gestione affidatagli si è reso colpevole dei fatti preveduti negli artt. 216, 217, 218 e 220 si applicano le pene in questi stabilite.

Art. 228.

Interesse privato del curatore negli atti del fallimento.

I. Salvo che al fatto non siano applicabili gli artt. 315, 317, 318, 319, 321, 322 e 323 del codice penale, il curatore che prende interesse privato in qualsiasi atto del fallimento direttamente o per interposta persona o con atti simulati è punito con la reclusione da due a sei anni e con la multa non inferiore a euro 206.

II. La condanna importa l'interdizione dai pubblici uffici.

Art. 229.

Accettazione di retribuzione non dovuta.

I. Il curatore del fallimento che riceve o pattuisce una retribuzione, in danaro o in altra forma, in aggiunta di quella liquidata in suo favore dal tribunale o dal giudice delegato, è punito con la reclusione da tre mesi a due anni e con la multa da euro 103 a euro 516.

II. Nei casi più gravi alla condanna può aggiungersi l'inabilitazione temporanea all'ufficio di amministratore per la durata non inferiore a due anni.

Art. 230.

Omessa consegna o deposito di cose del fallimento.

I. Il curatore che non ottempera all'ordine del giudice di consegnare o depositare somme o altra cosa del fallimento, ch'egli detiene a causa del suo ufficio, è punito con la reclusione fino a due anni e con la multa fino a euro 1.032,00.

II. Se il fatto avviene per colpa, si applica la reclusione fino a sei mesi o la multa fino a euro 309.

Art. 231.

Coadiutori del curatore.

Le disposizioni degli artt. 228, 229 e 230 si applicano anche alle persone che coadiuvano il curatore nell'amministrazione del fallimento.

Art. 232.

Domande di ammissione di crediti simulati o distrazioni senza concorso col fallito.

I. È punito con la reclusione da uno a cinque anni e con la multa da euro 51 a euro 516, chiunque fuori dei casi di concorso in bancarotta anche per interposta persona presenta domanda di ammissione al passivo del fallimento per un credito fraudolentemente simulato.

II. Se la domanda è ritirata prima della verificazione dello stato passivo, la pena è ridotta alla metà.

III. È punito con la reclusione da uno a cinque anni chiunque:

1) dopo la dichiarazione di fallimento, fuori dei casi di concorso in bancarotta o di favoreggiamento, sottrae, distrae, ricetta ovvero in pubbliche o private dichiarazioni dissimula beni del fallito;

2) essendo consapevole dello stato di dissesto dell'imprenditore distrae o ricetta merci o altri beni dello stesso o li acquista a prezzo notevolmente inferiore al valore corrente, se il fallimento si verifica.

IV. La pena, nei casi previsti ai nn. 1 e 2, è aumentata se l'acquirente è un imprenditore che esercita un'attività commerciale.

Art. 233.

Mercato di voto.

I. Il creditore che stipula col fallito o con altri nell'interesse del fallito vantaggi a proprio favore per dare il suo voto nel concordato o nelle deliberazioni del comitato dei creditori, è punito con la reclusione da sei mesi a tre anni e con la multa non inferiore a euro 103.

II. La somma o le cose ricevute dal creditore sono confiscate.

III. La stessa pena si applica al fallito e a chi ha contrattato col creditore nell'interesse del fallito.

Art. 234.

Esercizio abusivo di attività commerciale.

Chiunque esercita un'impresa commerciale, sebbene si trovi in stato di inabilitazione ad esercitarla per effetto di condanna penale, è punito con la reclusione fino a due anni e con la multa non inferiore a euro 103.

Art. 235.

Omessa trasmissione dell'elenco dei protesti cambiari.

I. Il pubblico ufficiale abilitato a levare protesti cambiari che, senza giustificato motivo, omette di inviare nel termine prescritto al presidente del tribunale gli elenchi dei protesti cambiari per mancato pagamento, o invia elenchi incompleti, è punito con la sanzione amministrativa da euro 258 a euro 1.548.

II. La stessa pena si applica al procuratore del registro che nel termine prescritto non trasmette l'elenco delle dichiarazioni di rifiuto di pagamento a norma dell'articolo 13, secondo comma, o trasmette un elenco incompleto.

CAPO III

Disposizioni applicabili nel caso di concordato preventivo, accordi di ristrutturazione dei debiti, piani attestati e liquidazione coatta amministrativa

Art. 236.

Concordato preventivo.

I. È punito con la reclusione da uno a cinque anni l'imprenditore, che, al solo scopo di essere ammesso alla procedura di concordato preventivo o di amministrazione controllata, si sia attribuito attività inesistenti, ovvero, per influire sulla formazione delle maggioranze, abbia simulato crediti in tutto o in parte inesistenti. (1)

II. Nel caso di concordato preventivo o di amministrazione controllata, si applicano:

1) le disposizioni degli artt. 223 e 224 agli amministratori, direttori generali, sindaci e liquidatori di società;

2) la disposizione dell'art. 227 agli institori dell'imprenditore;

3) le disposizioni degli artt. 228 e 229 al commissario del concordato preventivo o dell'amministrazione controllata;

4) le disposizioni degli artt. 232 e 233 ai creditori. (1)

Art. 236-bis.

Falso in attestazioni e relazioni

I. Il professionista che nelle relazioni o attestazioni di cui agli articoli 67, terzo comma, lettera d), 161, terzo comma, 182-bis, 182-quinquies e 186-bis espone informazioni false ovvero omette di riferire informazioni rilevanti, e' punito con la reclusione da due a cinque anni e con la multa da 50.000 a 100.000 euro.

II. Se il fatto e' commesso al fine di conseguire un ingiusto profitto per se' o per altri, la pena e' aumentata.

III. Se dal fatto consegue un danno per i creditori la pena e' aumentata fino alla meta'.

Art. 237.

Liquidazione coatta amministrativa.

I. L'accertamento giudiziale dello stato di insolvenza a norma degli articoli 195 e 202 è equiparato alla dichiarazione di fallimento ai fini dell'applicazione delle disposizioni del presente titolo.

II. Nel caso di liquidazione coatta amministrativa, si applicano al commissario liquidatore ed alle persone che lo coadiuvano nell'amministrazione della procedura le disposizioni degli articoli 228, 229 e 230.

CAPO IV

Disposizioni di procedura

Art. 238.

Esercizio dell'azione penale per reati in materia di fallimento.

I. Per i reati previsti negli artt. 216, 217, 223 e 224 l'azione penale è esercitata dopo la comunicazione della sentenza dichiarativa di fallimento di cui all'art. 17.

II. È iniziata anche prima nel caso previsto dall'art. 7 e in ogni altro in cui concorrano gravi motivi e già esista o sia contemporaneamente presentata domanda per ottenere la dichiarazione suddetta.

Art. 239

(Articolo abrogato dall'art. unico, L. 18 novembre 1964, n. 1217.)

Art. 240.

Costituzione di parte civile.

I. Il curatore, il commissario giudiziale e il commissario liquidatore possono costituirsi parte civile nel procedimento penale per i reati preveduti nel presente titolo, anche contro il fallito.

II. I creditori possono costituirsi parte civile nel procedimento penale per bancarotta fraudolenta quando manca la costituzione del curatore, del commissario giudiziale o del commissario liquidatore o quando intendono far valere un titolo di azione propria personale.

Art. 241.

Riabilitazione.

La riabilitazione civile del fallito estingue il reato di bancarotta semplice. Se vi è condanna, ne fa cessare l'esecuzione e gli effetti.

www.ingramcontent.com/pod-product-compliance
Lightning Source LLC
Chambersburg PA
CBHW072210170526
45158CB00002BA/530